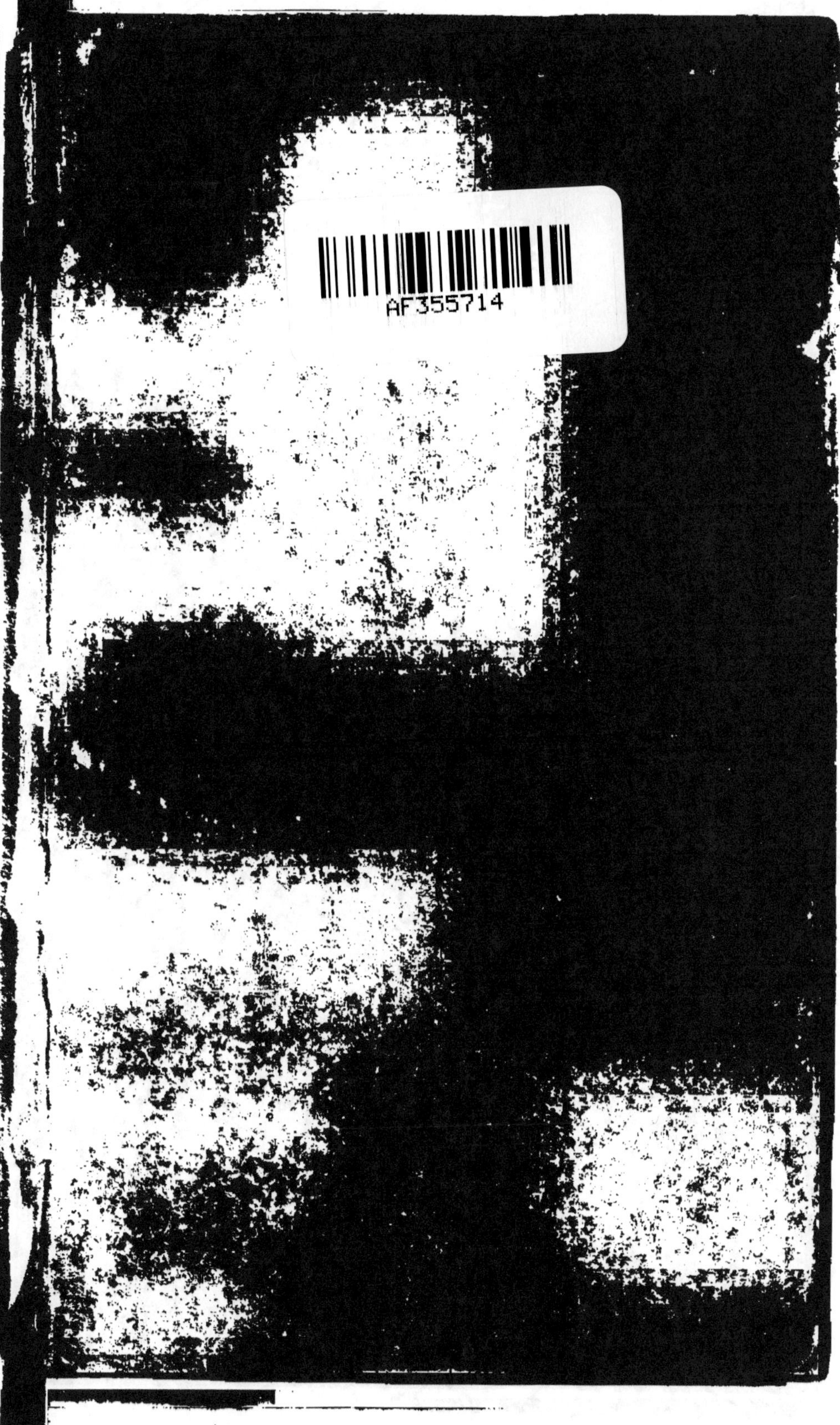
AF355714

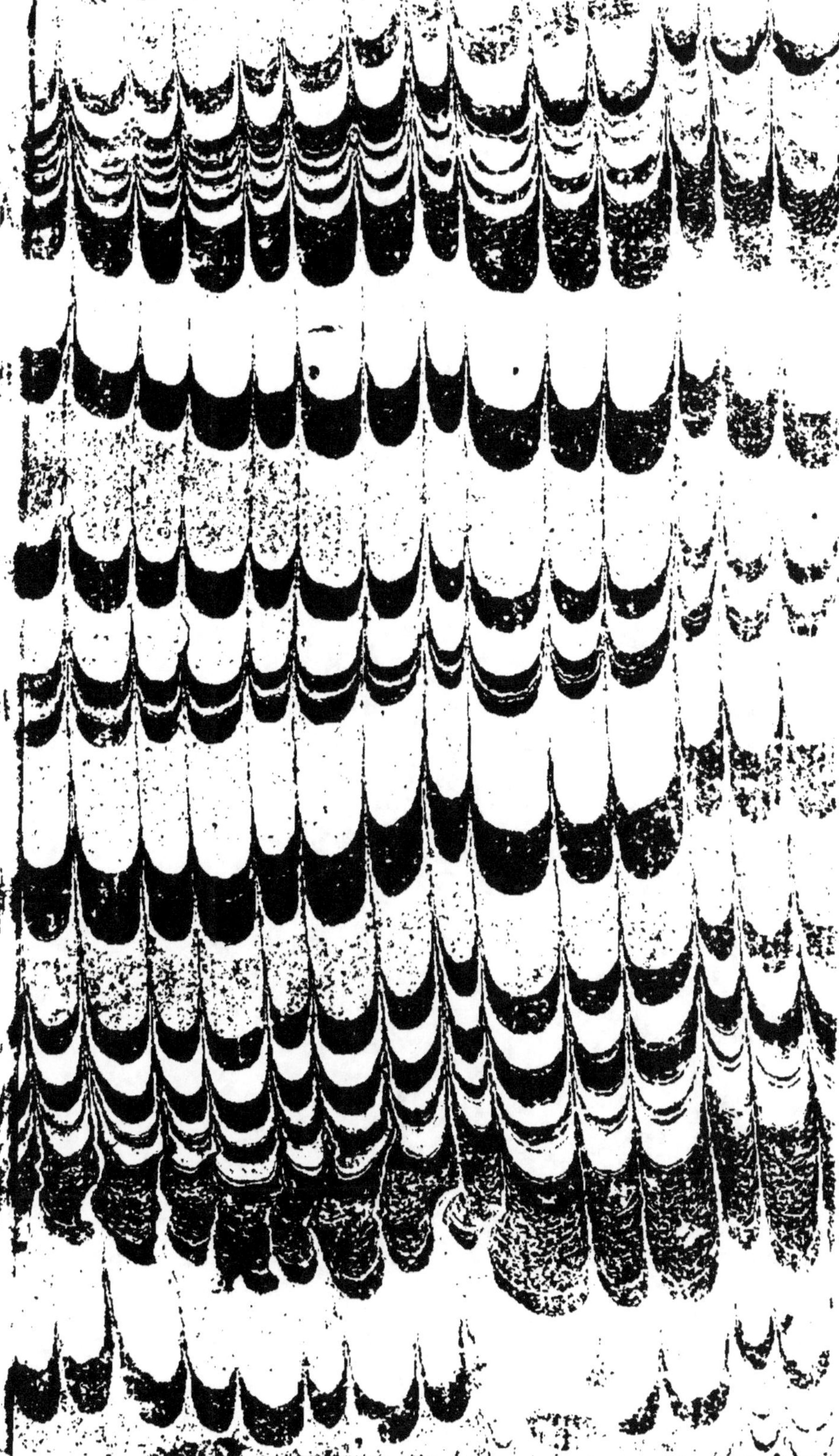

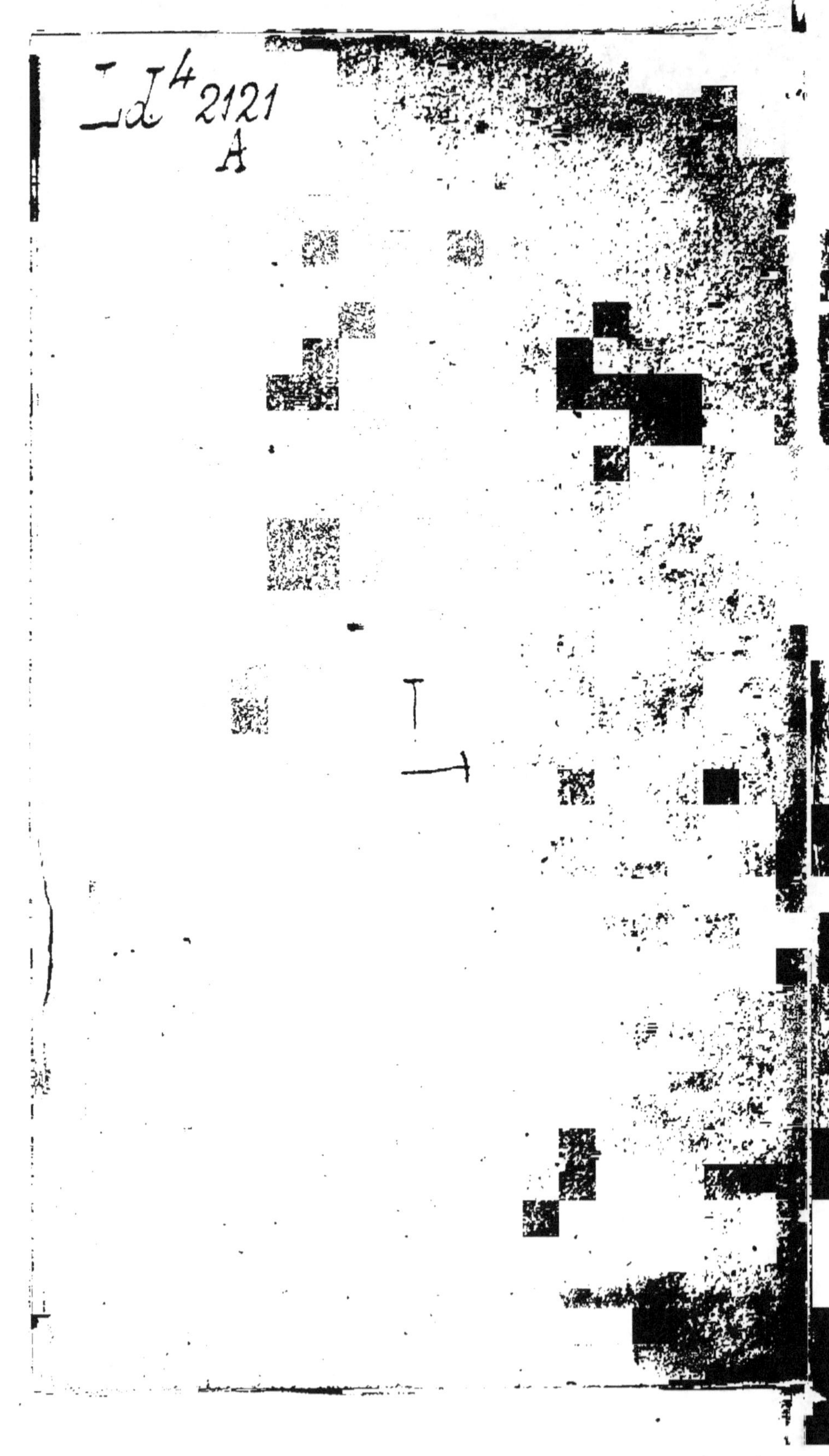

REFLEXIONS

DE LA R. MERE

ANGELIQUE

DE S. JEAN ARNAUD,

Abbeſſe de P. R. des Champs,

*Pour préparer ſes Sœurs à la perſécution,
conformément aux Avis que la R. Mere
Agnes avoit laiſſés ſur cette matiere
aux Religieuſes de ce Monaſtere.*

M. DCC. XXXVII.

AVERTISSEMENT.

NOTRE caufe eft celle que Port-Royal a defendu. Nos ennemis font les mêmes : l'efprit qui a animé ces Vierges vraiment *fortes*, doit donc auffi nous animer. On le trouvera dans l'Ouvrage qu'on donne au Public. Il eft fait par une main dont on a reçu les Ecrits avec avidité. On aura lieu d'admirer dans celui-ci la profonde connoiffance que la Mere Angelique de S. Jean avoit des caracteres de la véritable piété. Ses vues font grandes. Elle infpire par-tout une humilité fans baffeffe, & une fermeté fans orgueil. Elle eft toute de feu, mais dans fon feu elle eft pleine de fageffe & de modération.

C'eft principalement pour les Religieufes qui font fous la perfécution ou prêtes à y entrer, qu'on donne ce précieux Ouvrage. Elles y trouveront tout ce qui concerne leur état, & des regles admirables pour fe conduire dans les occafions les plus épineufes.

A ij

A V I S*
DE LA R. MERE AGNES,

SUR LA CONDUITE que les Religieuses de Port-Royal devoient tenir dans le changement du gouvernement de la Maison.

L'E T A T où l'on nous a reduites depuis près de deux ans , nous donnant sujet de croire que l'on pourra passer encore plus avant , & faire autant de plaies dans la conduite intérieure de la maison , comme l'on y en a fait d'extérieures , en nous dépouillant de tout ce qu'on a pu nous ôter , cette expérience nous doit faire croire qu'on n'en demeurera pas là, &

* La Mere Agnès écrivit ces avis l'an 1664.

que le motif qu'on a eu de nous traiter
de la sorte aura des suites encore plus
affligeantes & plus préjudiciables à la
Maison, que les premieres épreuves
ne l'ont été. Ce qui est plus à craindre,
& à quoi l'on doit prévoir, comme à
des choses de quoi on nous menace, c'est
que l'on vienne à troubler la paix &
l'union de la Communauté, par l'in-
troduction d'une conduite étrangere :
ce que nous devons tâcher de détourner
par nos prieres & par une sérieuse pénitence du peu d'usage que nous avons
fait des avantages que Dieu nous avoit
donnés pour nous établir dans le véritable esprit de la Religion, & regarder tous ces maux qui peuvent nous arriver comme des justes punitions de nôtre ingratitude envers Dieu pour tant
de bienfaits que nous avons reçus de sa
miséricorde. Que s'il lui plaît de nous
purifier par une voie toute différente,
en nous abandonnant au pouvoir de
ceux qui semblent vouloir perdre la
Maison ; la premiere chose qu'il faudra faire sera d'adorer sa conduite, &
de ne perdre point la confiance en sa

miséricorde , qui tire du bien de tous les maux en faveur de tous ceux qui aiment plus sa volonté que leur intérêt propre.

Il est difficile de prévoir tout ce que nous devrons faire , ne pouvant sçavoir ce qu'on nous fera ; & cependant ayant sujet de craindre que nous ne nous trouvions alors dépourvues de tout conseil , nous donnerons ici des avis generaux de la maniere de se conduire pour conserver en tout évenement une conduite chretienne & religieuse , telle qu'elle doit paroître en des personnes qui doivent dire avec une grande Martyre , *Ste Agathe,* Mon ame est affermie & fondée en Jesus-Christ ; *puisque c'est l'avantage que nous avons dû tirer de tant d'instructions & de maximes saintes que nous entendons depuis si long-tems. L'on pourra marquer ailleurs comment on devra agir dans les occasions & les circonstances particulieres , pour s'opposer , autant qu'il sera nécessaire , à l'usurpation des droits de la Communauté , & pour sçavoir allier la prudence du serpent avec la sim-*

plicité de la colombe , afin de fouler aux pieds le lion & le dragon, c'est-à-dire la violence & l'artifice que l'on pourroit employer contre nous pour arracher de notre cœur l'amour de la vérité , & la paix de la charité.

Supposant donc qu'on eût introduit dans la maison quelques personnes étrangeres pour nous conduire , & qu'après nous y être opposées en la maniere qu'il sera dit ailleurs , nous eussions été contraintes de les tolerer , on obéira à ce qu'elles diront & à ce qu'elles ordonneront , qui ne blessera point nos reglemens ordinaires ; on les traitera avec un respect religieux , mais en se gardant , comme dit Saint Paul, qu'on fasse marchandise de nos ames, qu'il ne faut point du tout commettre à personne , qu'à celles qui nous sont envoyées de la part de Dieu. C'est pourquoi n'en ayant plus qui portent ce caractere, on est contraint de les fuir intérieurement, & de se donner de garde de leurs préventions & de leurs caresses , qui les font paroître des brebis ; ne correspondant point à la charité apparente qu'el-

les feroient paroître, étant certain
qu'elles n'en peuvent avoir de véritable, en usurpant un pouvoir qui ne leur
appartient pas: & qu'elles ne laissent pas
d'être intruses, encore qu'elles se veuil-
lent couvrir de l'obéissance de leurs Supérieurs ; c'est pourquoi l'on ne consulte-
ra point ces Religieuses sur l'état de son
ame. On ne leur proposera point les dou-
tes qu'on a sur la sainte Communion, ni
aucune autre chose intérieure , encore
qu'elles parussent spirituelles & chari-
tables , & qu'elles s'offrissent même de
consoler & d'aider les Sœurs : ce qu'on
ne fera pas néanmoins par dedain & par
éloignement , mais par la raison qui a
été dite , qu'elles ne sont pas établies
de Dieu pour cela : & pour ne pas demeurer sans conduite, on se conseillera
à quelques-unes des Sœurs de la Maison, qu'on choisira par l'avis & la permission de notre mere , qu'il faut demander par avance.

REFLEXIONS

DE LA R. MERE

ANGELIQUE

DE SAINT JEAN,

POUR PREPARER SES SOEURS
A LA PERSECUTION.

Eloge de la Mere Agnès. Confeſſer que l'on a mérité les afflictions. Y reconnoître la juſtice & la charité de Dieu. Fonder ſa confiance ſur cette charité.

L NOUS a paru utile de faire la lecture des avis que la Mere Agnès nous a laiſſés, pour nous conduire dans des occaſions ſemblables à celles où nous allons peut-

être nous trouver exposées. Mais
il est bon de faire réflexion sur la
maniere dont on les doit entendre.
Il n'y a personne parmi nous qui
ne s'estimât heureuse d'avoir encore le bonheur de posséder une
Mere, dont les exemples, la lumiere & la vertu nous ont été si utiles dans le tems passé, & qui nous
paroîtroient si nécessaires dans celui-ci. Mais on ne considere peut-
être pas assez que l'esprit des Saints
est immortel, qu'il vit encore a-
près eux dans leurs Ecrits, &
qu'il se conserve dans la suite des
siécles, lorsque ceux qui leur suc-
cedent ont soin de le faire revivre
en eux, & de suivre leurs exemples, en accomplissant les loix
qu'ils leur ont laissées. Ces avis
n'ont pu servir dans le tems pour
lequel ils avoient été écrits ; parce
qu'ayant été achevés trop tard, on
n'eut pas le tems de les revoir. Il
sembloit donc qu'ils seroient inutiles. Mais la providence de Dieu
qui veille sur tout, nous les réser-

voit pour ce tems - ci *, où nous
en devions avoir besoin. Nous devons donc les recevoir avec reconnoissance , & remercier Dieu de
ce que sa bonté a prévu dès-lors à
tous nos besoins.

Ces avis doivent avoir plus de
poids que toutes les instructions
qu'on nous pourroit donner à présent ; & nous devons avoir de la
consolation , quand nous trouvons
qu'ils nous ont été laissés par les
mêmes personnes qui nous ont é-
crit nos Constitutions ; puisque
Dieu s'étant servi d'elles pour établir tout le bien qu'i'est dans la
Maison , & nous instruire de ce
que nous devons faire pour travailler à l'y maintenir, ce nous est un
avantage qu'elles nous aient aussi
prescrit la maniere de nous conduire dans des rencontres qui auroient paru ne devoir pas arriver
plus d'une fois , & où néanmoins
nous nous trouvons exposées de
nouveau , sans sçavoir jusqu'où
Dieu permettra que l'on nous é-

* Le 8
de Mars
1680.

prouve. Tâchons donc de recevoir ces avis avec affection , & de nous attacher fur toutes chofes à en remarquer les principes. Car comme ils nous ont été donnés dans une occafion peu différente de celle-ci, il fe pourroit faire qu'il y auroit de certaines chofes qui ne conviendroient pas abfolument au tems où nous fommes : mais les maximes ne changent point. C'en eft une importante , que ce que la Mere Agnès nous dit , « qu'il faut reconnoître que nous avons mérité les afflictions & les maux que nous fouffrons. » Nous en devons être perfuadées, parce qu'il eft conftant, & c'eft un principe & une vérité immuable, que de reconnoître que Dieu qui eft la juftice ne punit point les innocens ; & qu'ainfi, lorfqu'il punit, on doit reconnoître qu'on eft coupable. Cela eft fi vrai, que Jefus - Chrift voulant fouffrir pour les hommes , ne l'a pu faire qu'en prenant la qualité de pécheur & de coupable : « Il a porté

» les péchés de plusieurs : *Peccata* Isaïe, ch
53. v. 12. *multorum tulit*, comme dit le Prophete ; & que sans cela il n'eût pu porter la peine qui étoit dûe au péché. Ce ne sont pas les homes seuls qui l'ont regardé comme criminel, mais ç'a été son Pere qui l'a regardé & traité comme tel. Il a paru comme pécheur, non - seulement devant les hommes, mais même devant son Pere, qui l'a condamné à souffrir les peines dues au péché , parce qu'en prenant notre nature, il s'étoit chargé de nos dettes. L'excès de son amour pour nous lui a fait prendre cette qualité. Mais il faut reconnoître que la justice nous la donne ; & s'il est vrai que nous avons sujet de nous consoler de nous voir persécutées injustement , ce n'est que devant les hommes que nous pouvons parler de la sorte : car devant Dieu notre justice consiste à reconnoître que nous sommes injustes , qu'il a droit de nous punir , & que nous ne sçaurions nous plaindre , de

quelque maniere qu'il nous traite ,
fans nous rendre indignes de fa miféricorde , qu'il ne nous accorde
qu'à proportion que nous avons été
humiliées par fes châtimens. Mais
peut - être que chaque particuliere
entre bien dans cette penfée pour
elle - même. Comme l'on fent fes
imperfections , on n'ofe fe vanter
d'être jufte : on ne fe glorifie pas
pour foi - même , c'eft feulement
pour la Communauté : on fe flatte
qu'il y a quelque obfervance &
quelque vertu : on la compare à
d'autres Maifons religieufes , &
parce qu'on ne fe trouve pas dans
des déreglemens & dans l'ignorance où elles peuvent être , on croit
pouvoir dire qu'on n'eft pas comme
les autres : mais cela ne fuffit pas
devant Dieu qui ne nous méfurera
que fur les graces qu'il nous a faites , & fur les lumieres qu'il nous
a données , & dont il nous rede-
mandera le profit. Il ne nous châtie que parce que nous ne nous
fommes pas punies nous-mêmes de

tant de fautes où nous tombons tous les jours, & pour lesquelles nous devrions nous juger nous-mêmes & nous condamner. Tant d'ingratitudes, un si grand oubli de Dieu dans lequel nous passons bien du tems, un si grand nombre de négligences & beaucoup d'autres fautes que nous commettons tous les jours, nous obligent assurément à confesser devant Dieu, que nous l'avons offensé.

Mais ne nous contentons pas de l'avouer pour nous-mêmes en particulier. Humilions-nous pour les fautes de nos Sœurs. Reconnoissons avec douleur les imperfections de toute notre Communauté, afin que comme nous ne faisons toutes ensemble qu'un même pécheur, nous ne fassions aussi qu'un même pénitent. Abbaissons nos têtes devant Dieu. Confessons-lui nos péchés, & humilions-nous toutes ensemble devant lui, de peur que si nous manquons à le faire, nous n'obligions sa justice à appesantir d'avantage fa main fur nous, pour nous réduire dans l'abaiffement où nous aurons refufé de nous mettre, après avoir reçu les premiers coups dont fa juftice nous a frappées. Si nous entrons dans ces difpofitions d'humilité & d'anéantiffement devant Dieu, nous fuivrons auffi l'intention de l'Eglife qui nous oblige avec tous fes enfans d'entrer dans la pénitence en ce faint tems. Elle le fait pour fuivre en quelque forte la conduite de Dieu, & obliger les hommes comme lui-même les y oblige, de s'abaiffer & de s'humilier devant lui, par une converfion veritable & fincere. Elle s'attache pour cela à un certain tems, pendant lequel elle leur préfcrit particulierement les exercices de la pénitence : mais comme Dieu ne dépend pas des tems, & qu'il en eft le maître ; il impofe des peines & des fouffrances aux hommes felon fes volontés, & fuivant fes deffeins de miféricorde & de juftice qu'il a fur eux ; & c'eft alors qu'il veut qu'ils faffent

pénitence

pénitence en ſe couvrant de cendre
& prenant le cilice, c'eſt-à-dire,
en reconnoiſſant leur miſére & leur
baſſeſſe, & en embraſſant les mor-
tifications & les travaux de la pénitence. Il ſe trouve que la pénitence que l'Egliſe impoſe pendant
le Carême ſe trouve jointe à la pénitence, que Dieu même nous a
impoſée depuis quelque tems, cela nous oblige à nous humilier avec
encore plus de ferveur, & à lui
demander miſéricorde, eſperant
qu'il ſe rendra d'autant plus aiſé à
appaiſer, que tous ſes fideles & ſes
élus ſeront unis avec nous pour ſatisfaire à ſa juſtice. Mais il faut
s'humilier & eſpérer que Dieu aura pitié de nous. Il faut avoir confiance que le châtiment qu'il nous
envoie pour nos péchés nous deviendra même utile, quel qu'il ſoit; puiſque, comme on vient de nous dire,
» Dieu tire du bien des maux en
» faveur de ceux qui aiment ſa vo-
» lonté, plus que leur propre in-
» térêt. » Il ne faut donc point

B

perdre courage en quelques épreuves que l'on fe trouve.

Mais il ne faut pas fe contenter
de fe foumettre feulement aux ordres de Dieu ; il les faut aimer,
puifqu'ils nous font des marques
de l'amour que Dieu a pour nous,
& qu'il eft indubitable que nous y
trouvons notre falut & notre fan-
ctification, fi nous les accomplif-
fons avec amour. Cette affurance
nous doit fuffire, fans qu'il foit
befoin de vouloir examiner, jufqu'à quel point doit aller notre affliction, combien elle durera, fi
nous fouffrirons beaucoup, à quels
périls nous nous trouverons expofées, & fi nous fuccomberons fous
la violence de nos ennemis. C'eft
affez qu'après nous être foumifes à
Dieu, nous foyons affurées que fi
nous l'aimons, il nous aime lui-
même, & nous a aimé avant que
nous le connuffions, & que nous
fuffions capables de l'aimer. Sça-
chons que fon amour étant éternel,
il ne nous abandonnera point, &

ne fe retirera point de nous : demeurons donc fortement unis à
lui. S'il permet que pour un tems
nous tombions dans plufieurs peines , nous devons fçavoir que la
fin en fera heureufe , & qu'il les
fera même réuffir à notre avantage.

Pour donc profiter des afflictions
qu'il permet qui nous arrivent , il
y faut reconnoître deux chofes la
juftice & la charité de Dieu , &
nous devons aimer l'une & l'autre,
Dieu étant aimable dans toutes fes
perfections. Il faut aimer cette juftice par laquelle , en puniffant le
péché en nous, il l'y détruit & nous
rend juftes ; mais il faut aimer auffi
cette charité infinie , par laquelle
ne fe contentant pas de nous avoir
châtiées pour nous purifier , il veut
même nous recompenfer pour les
châtimens que nous avons foufferts.
Ce qui doit produire en nous une
difpofition d'humilité pour nous a-
baiffer fous fa puiffante main lorfqu'il nous afflige, & en même-tems
de confiance pour bannir toutes les

inquiétudes & toutes les prévoyances que l'on a pour l'avenir. C'est assez que nous sçachions qu'il a promis qu'il ne tombera pas un seul cheveu de notre tête sans sa permission ; & ainsi au lieu de vouloir préméditer les maux qui nous menacent, il faudroit être toutes appliquées à considérer la bonté de Dieu qui les fait réussir à notre avantage, & qui en tire l'accomplissement de notre salut. C'est ce qui nous empêcheroit de tomber dans le défaut que nous voyons dans les Apôtres en l'Evangile de ce jour. Ils se laissent aller au trouble & à l'inquiétude par la crainte de la tempête où ils étoient exposés. J.C. vient à eux marchant sur les eaux. Il leur dit que c'est lui-même qui va les secourir. Il leur commande de ne rien craindre. Mais parce qu'ils s'étoient laissés aller au trouble & à l'inquiétude au lieu de se consoler & de se rassurer en le voyant, ils ont peur de lui & ils le prennent pour un phantôme.

Ils figuroient en cela la difposition
où nous nous trouvons fouvent
dans les peines & les affl ctions que
Dieu nous envoye. Nous nous
y laiffons quelquefois fi fort troubler au lieu de rechercher notre
confolation en lui & dans l'affurance de fes promeffes, qu'il arrive que les plus grandes vérités qui
devroient nous foutenir & nous
fortifier, nous deviennent un fujet de trouble, & que nous ne
voyons plus combien la foi eft ftable. Il nous femble que la vérité
foit trop forte. Nous ne la pouvons porter, comme fi ce qu'elle
nous dit du bonheur de la fouffrance, & de la néceffité de porter la
croix, & de participer à celle de
Jefus-Chrift pour avoir part à la
gloire, n'étoit pas affez folide pour
nous y confier. J'appellerois cela
regarder la vérité comme un phantôme, & la méconnoître de même
que les Apôtres ne connurent pas
Jefus-Chrift lorfqu'il vint à eux
fur les eaux. Si nous aimions la vé-

rité, elle nous délivreroit. Elle est stable, & elle affermiroit notre cœur. Elle nous découvriroit le peu de durée des peines que nous avons à souffrir ; & nous faisant connoître les grands biens qu'elles nous peuvent mériter, elle nous forceroit d'avouer que ces maux qui paroissent si terribles, ne sont que des phantômes, & ne méritent pas d'être comparés avec tous les avantages qu'ils nous procurent.

S'il est vrai que les peines, les afflictions, & les persécutions soient redoutables, il faut demeurer d'accord que ce n'est que pour des personnes qui sont encore bien attachées aux choses de la terre, & qui les aiment. Car y a-t-il quelque chose qui puisse troubler la confiance d'une ame qui n'aime que Dieu ? Il est son soutien. Il est sa force. Il est sa lumiere. Il est son conseil. Qui peut lui nuire ou la renverser ? Les pluies, la tempête & la grêle n'obscurcissent point la lumiere du soleil, & de même les persécu-

tions, les souffrances, & les pertes ne sçauroient faire tort à une
ame qui s'eſt élévée au-deſſus du
monde & d'elle-même pour s'attacher à Dieu & à ſa Vérité, & qui
ne regarde tous les maux que dans
ſa lumiere, qui lui fait découvrir
de véritables biens dans ce qui a
l'apparence des plus grands malheurs & des plus grandes peines.

Mais quand on nous dit de ne
les pas craindre, eſt-ce parce que
nous ſommes fortes ? Non ; ſi nous
ne connoiſſons pas que nous ſommes foibles & la foibleſſe même,
nous ſommes en danger de ſuccom-
ber. Quelle eſt notre force ? C'eſt
Dieu, c'eſt ſa Vérité qui nous fortifie; & ſi cela eſt, qui peut nous é-
branler ? Saint Paul dans l'Epitre Rom. c.
aux Romains défie tout ce qu'il y 8. v. 35.
a de plus redoutable dans le mon-
de, de le ſeparer de la charité de
Jeſus-Chriſt. Avoit-il par lui-même la force de ne s'en pas ſéparer ?
Non ; mais c'eſt parce qu'il ſe confie en la charité que Dieu a pour

lui & dans l'amour qu'il porte à
Dieu. Sa force consiste à reconnoître qu'il n'en a point, & à se confier en celle de Dieu. Le - même
Apôtre dit que nous ne sçavons ce
que nous devons demander, &
que nous ne pouvons prier par
nous-mêmes ; néanmoins c'est à la
priere que Dieu accorde le salut.
Comment donc prierons - nous,
& comment serons - nous sauvés ?
Nous lui demanderons que lui-
même prie en nous, & nous fasse
demander ce qui nous est utile,
& après cela nous aurons confiance en sa bonté, & nous attendrons
tout de lui.

Pour moi je ne vois pas pourquoi on diroit, qu'il est dangereux de s'engager à être Religieuse
dans une Maison comme celle-ci,
qui est si souvent exposée à être
persécutée & affligée : je dirois plutôt qu'on seroit à plaindre de s'y ê-
tre engagée, sans avoir bien compris qu'en se donnant à Dieu, on
a dû se quitter soi-même & s'abandonner

donner à lui pour le suivre partout où il nous menera. Si l'on dit qu'étant foibles, nous n'aurons peut-être pas la force de résister à la persécution ; avons-nous celle de prier, & d'avoir une seule bonne pensée ? Et celui qui nous la donne pour prier, pour penser & pour agir, ne nous en pourra-t-il pas donner pour souffrir & pour résister à la tentation ? Ce seroit faire injure à la puissance de sa grace d'en juger ainsi. Demandons-lui plutôt qu'il la fasse éclater en notre faveur : n'y mettons point de bornes par notre d fiance, & ne nous troublons point de tout ce qui peut nous arriver ; puisque rien ne nous peut nuire, si nous ne nous séparons point les premieres de l'amour & de la charité de Jesus Christ, en cessant de l'aimer & d. nous attacher à lui. Il nous défend de penser au lendemain : pensons donc que nous ne souffrons que pour aujourd'hui. S'il nous survient demain de nouvelles peines, il nous

Matth. ch. 6. v. 34.

donnera aufſi de nouvelle torces.
Ce ne feront point les chofes extérieures qui nous feront fuccomber. Que notre cœur s'attache à
Dieu & à fa charité, & après cela
que rien ne nous trouble : car rien
ne nous peut ebranler.

✶✶✶✶✶✶✶✶✶✶ ✶✶✶✶✶✶✶✶✶✶

Sonder fon cœur avant la tentation.
Se réjouïr de trouver dans fes pei-
nes le moyen de fatisfaire à la jufti-
ce de Dieu. Se foutenir par la foi
& par l'efpérance. La foi ne fe re-
bute point : elle augmente par ce
qui devroit la renverfer. Se fouve-
nir que Dieu eſt la force du pauvre dans fon affliction, fon efpérance contre les troubles, &
fon ombre pour le délivrer de
la chaleur. *Application de ce paf-*
fage aux vérités précédentes.

Iſaïec.
25. v. 4.

Le 14
Mais.

QUAND nous n'aurions que
l'avantage de lire ces avis
dans une occafion qui nous oblige
de nous les appliquer, comme devant peut-être nous trouver bien-
tôt expofées à une epreuve qui

nous les rendra néceſſaires ; nous
pouvons dire que la conduite de
Dieu nous eſt avantageuſe , puiſqu'elle nous donne lieu de nous
connoître nous-mêmes , & de ſon-
der le fonds de notre cœur , pour
voir ſi nous ſommes diſpoſées à dire avec le Prophete , que notre
cœur eſt préparé pour ſuivre Dieu, Pſ. 107.
& 33.
& pour le bénir , de quelque ma-
niere qu'il lui plaiſe nous traiter.

Il eſt aiſé quelquefois de s'imaginer qu'on eſt dans de bonnes diſpoſitions , lorſqu'on n'a point occaſion d'en faire l'épreuve ; au lieu
que la tentation fait au moins reconnoître qu'on eſt foible , & oblige à prier Dieu , & à faire effort
pour attirer ſon ſecours, en même-
tems qu'on tâche à ſe préparer au
combat. Quand nous ne tirerions
que ce ſeul avantage de l'état où
nous ſommes , nous le devrions
eſtimer grand , & nous devrions
bénir Dieu , de ce que l'incertitu-
de continuelle des maux qui nous
peuvent arriver , nous oblige d'ê-

C ij

tre préparées à tout , & de vivre
de la foi , dont le grand mérite
confifte à ne pas juger des chofes
felon le fens , & à reconnoître que
les biens font cachés dans les maux,
& que les larmes font des fources
de joie & de confolation pour les
perfonnes qui aiment Dieu , & qui
s'affligeant de l'avoir offenfé, &
d'avoir attiré fa colere fur elles, fe
réjouiffent de trouver dans leurs
peines de quoi fatisfaire à la juftice
de Dieu. Qui de nous n'a point
fujet de s'humilier devant Dieu ,
& de fe confondre , en voyant que
non - feulement nous faifons des
fautes continuelles , mais que le
peu de bien que nous faifons pour
les réparer eft mêlé de tant d'imperfections, que nous devons nous
eftimer trop heureufes , fi Dieu
s'en contente , & qu'il veuille bien
nous pardonner ?

C'eft la foi qui nous foutient
dans nos afflictions, & ce n'eft que
fur elle que nous pouvons appuyer
l'efpérance de notre falut. Elle
nous oblige de croire toujours en

la miféricorde de Dieu , & d'y
avoir recours dans toutes nos peines. Elle nous infpire une efpérance fi ferme en fa bonté , que
non - feulement elle nous porté à
croire que nous ferons heureufes
pour l'avenir , fi nous demeurons
fideles à ce qu'il demande de nous ;
mais elle nous perfuade même que
nous fommes heureufes dès-à-pré-
fent , quand nous fentons que tout
nous manque , qu'il ne nous refte
plus d'appui & de confolation du
côté des hommes. C'eft alors que
nous trouvons tout en Dieu , fi la
foi ne nous manque point , & que
l'efpérance foutienne notre ame
comme une anchre inébranlable à
toutes les tempêtes que la tentation
ou la perfécution des hommes peuvent exciter contre nous.

Mais cette vertu ne fe reconnoît
que dans les occafions, & lorfqu'é-
tant éprouvés , & pour ainfi dire ,
abandonnés , la foi conferve une
confiance fecrete , qui perfuade
ceux que Dieu traite ainfi , qu'il

ne les a pas néanmoins rebutés.
Nous en voyons un exemple admirable dans la Cananée. Jesus-
Chrift loue cette femme, & dit
qu'elle a une grande foi, parce
qu'elle ne se rebute pas lorfque Jefus-Chrift femble la rebutter. Rien
n'eft capable de diminuer l'ardeur
de fon defir, & rien n'altere la
ferveur de fa priere, parce que fa
foi foutient l'une & l'autre. Elle
ne voit pas des marques de l'amour
de Jefus-Chrift envers elle : Jefus-
Chrift même ajoute une autre é-
preuve à celle-là, qui paroît affez
forte. Il dit qu'il n'eft venu que
pour les brebis de la maifon d'If-
rael, & qu'il n'eft pas jufte de donner le pain des enfans aux chiens.
Cependant c'eft cette parole même
qui augmente fa foi. Elle fe confo-
le de voir que Jefus - Chrift penfe
à elle, qu'il la regarde dans le moment qu'il parle, quoiqu'il femble
que ce ne foit que pour la rejetter.
C'eft jufqu'à ce dégré de patience
& d'humilité que Jefus-Chrift la

Matth.
5. 15.

vouloit conduire. C'eſt à cette diſpoſition de confiance immuable,
& d'une eſpérance ferme que Jeſus-
Chriſt vouloit élever ſa foi, pour
l'admirer enſuite lui - même com-
me il fit, en diſant : *O femme, que* Matth.
votre foi eſt grande ! 15. 28.

La foi eſt parfaite quand le cœur
eſt ſi fortement établi & ſoutenu
par la confiance qu'il a en Dieu,
que quoi qu'il puiſſe arriver, elle
augmente de ce qui ſembleroit la
devoir renverſer, & que plus on
ſe voit abandonné, plus on eſpere
en la miſéricorde de Dieu qui ſe
laiſſera toucher à la miſere extrême de ceux qui n'ont de confiance
qu'en lui. Mais pour obtenir ce ſecours, & n'être point ébranlé dans
une épreuve ſi forte, il faut ſe dé-
pouiller de toute attente du ſecours
des hommes, & de toute réflexion
ſur ſa propre foibleſſe. Il eſt auſſi
bien inutile de la regarder par com-
paraiſon au combat où nous allons
entrer ; puiſque ce ne ſera pas par
notre propre force que nous ſerons

victorieufes , & que quelque force que nous paroiffions avoir , nous devons être convaincues que nous n'en avons point , & ne nous appuyer que fur la grace de Dieu qui eft donnée aux humbles , qui fe confient d'autant plus en fa bonté, qu'ils fe défient davantage d'eux-mêmes.

L'on a marqué dans ce que l'on vient de lire , qu'il y a deux fortes de tentations à craindre. La premiere eft celle des mauvais traite-mens , la feconde eft celle des ca-reffes. Il eft fi néceffaire de s'y préparer , & de fe munir contre les périls où elles nous expofent , que l'on voit d'ordinaire que ceux qui ont paru méprifer l'une , ne laiffent pas de fuccomber dans l'autre. Il faut fonder le fonds de fon cœur, & l'examiner , pour voir fi l'on eft infenfible à ces deux chofes , afin de fe fortifier également contre toutes les tentations dont l'ennemi fe fert pour nous attaquer. Ce fera dans la parole de Dieu que nous

trouverons des armes pour lui réſiſter, & nous apprendrons par elle à découvrir tous les artifices par
leſquels il tâche de nous ſurpren-
dre.

Le Prophete Iſaïe , rendant
graces à Dieu pour ſon peuple des
bienfaits qu'il a reçu de lui dans la
délivrance de ſes ennemis, dit que
Dieu eſt la force du pauvre dans ſon
affliction, ſon eſpérance contre les trou-
bles qui lui arrivent , & ſon ombre
pour le délivrer de la chaleur. Jeſus-
Chriſt eſt appellé notre eſpérance ;
& c'eſt de quoi nous avons beſoin
lorſque nous ſommes expoſées à la
tentation & à la ſouffrance. Il y a
des perſonnes qui appréhendent ſi
fort les maux , que la ſeule crainte
qu'ils en ont les renverſe , avant
même qu'ils ſoient arrivés ; & cette crainte les augmente beaucoup :
au lieu qu'on peut dire que les
maux préſens ſont petits, lorſqu'on
les regarde en eux-mêmes. Cette
crainte eſt figurée par la tempête
qui menace un navire de ſa ruine ;

Iſaïe c.
25. v. 4.

s'il n'a point d'anchre pour le retenir & l'affermir contre la violence des vents, il sera renversé. L'espérance est aux Chretiens qui passent dans ce monde comme sur une mer orageuse, ce qu'est l'anchre à un pilote, qui n'a que ce seul moyen pour arrêter son vaisseau, & l'empêcher d'être emporté par l'impétuosité des vents. Faute de cette espérance, on tombe dans le trouble, & ensuite dans le découragement.

La crainte est le plus grand de tous les maux : car elle n'a point de bornes : au lieu que les maux présens sont toujours bornés, & ne nous nuisent pas tant que pourroit faire l'appréhension de ceux qui ne nous arriveront peut-être jamais. Mais si J. C. est notre espérance, nous ne craindrons rien, nous serons en assurance au milieu même de l'effroi de la mort : & quand nos afflictions se redoubleroient, & que tout sembleroit nous menacer de notre perte, si nous fentons que nous ayons une ferme confiance en la grace de Jefus-Chrift, rien ne nous pourra ren-verfer, & nous furmonterons tou-tes nos afflictions, parce que celui en qui nous avons mis notre con-fiance vaincra lui-même pour nous, & nous fera remporter la victoire, malgré tous les efforts que le Dia-ble & le monde pourront employer pour nous affoiblir.

Jefus-Chrift eft encore appellé par le Prophete l'ombre qui nous défend de la chaleur. Une perfonne expofée à la grande ardeur du fo-leil fe fent prête à s'affoiblir ; de même il pourroit arriver que ne voyant pas de fecours dans l'afflic-tion, & ne fentant pas de quelle maniere Dieu nous foutient, on fe porteroit à chercher quelqu'a-douciffement dans les créatures. Mais Dieu, pour nous préferver de ce malheur, fe rend lui-même l'ombre qui nous met à couvert, & nous préferve de la chaleur de la tentation. Si donc nous nous

Ifaïe c.
25. v. 4.

fentons portées à nous affoiblir , fi
la douleur de nos peines nous en-
nuie & nous accable, ayons recours
à Jefus - Chrift , & écoutons ce
qu'il nous dit : *Venez à moi , vous*
tous qui êtes fatigués & qui êtes char-
gez , & je vous foulagerai. Si nous
cherchons en lui la confolation que
nul autre ne nous fçauroit procurer , il ne manquera pas de nous
la donner ; il portera lui-même nos
croix, & en adoucira toute l'amer-
tume par l'onction de fa grace, qui
fait trouver un faint plaifir dans les
plus grandes peines où l'on puiffe
être expofé pour l'amour de lui.

On poffede tout, & on eft véritablement riche dans la privation
de toutes chofes , quand c'eft pour
l'amour de lui qu'on s'en eft dé-
pouillé ; & ce qu'il y a de plus rude & de plus infupportable à la
nature , devient doux & agréable
à une perfonne qui penfe qu'elle
fouffre pour Dieu ; & que par des
peines dont la durée eft fi courte ,
elle peut acquerir des biens qui

font éternels & incompréhenfibles.
Cela eft beau à dire dans l'entretien , & lorfque l'on ne fouffre encore aucun mal ; mais quand on eft
dans la défaillance , ce n'eft plus
la même chofe. Je parle humainement quand je dis cela : car à nous
regarder telles que nous fommes ,
qu'avons - nous fouffert pour nous
plaindre ?

Si nous tombons dans l'abbatte-
ment pour fi peu de chofes , nous
aurions bien fujet d'appréhender
que nous ne fuffions pas à l'épreuve des plus grandes tentations. Cependant il faut s'y préparer ; puifque quand même il arriveroit que
Dieu ne nous y expofât pas , il eft
certain néanmoins qu'il veut trouver dans notre cœur la difpofition
pour les fouffrir : & je ne vois rien
qui nous doive rendre plus capable de les accepter quand Dieu
nous les envoie , que de confidérer
que dans le tems même de la paix,
& lorfque rien ne nous fait de la
peine , il exige de nous les mêmes

difpofitions qui nous peuvent rendre fideles dans le tems des plus
fortes épreuves. Et ainfi, comme
on ne connoît pas toujours le fonds
de fon cœur, & de quoi l'on feroit
capable, lorfqu'on n'a point eu
d'occafion de s'éprouver, c'eft une
miféricorde lorfque des rencontres
femblables à celle-ci nous obligent
d'entrer dans des difpofitions que
Dieu ne demanderoit pas moins de
nous dans un tems plus tranquille,
& où rien ne nous troubleroit. Notre Pere S. Bernard dit que « Dieu
» ne fauve perfonne que par le
» martyre, ou au moins par la vo-
» lonté du martyre. » Il n'y a pas
occafion en tout tems de donner fa
vie pour Jefus-Chrift. Mais ceux
qui l'aiment, & qui font à lui,
doivent toujours être prêts de mourir pour lui, comme il eft mort
pour eux. Toutes leurs actions
doivent tendre à lui donner des
marques de leur reconnoiffance,
& ils font ingrats s'ils y mettent
quelques bornes ; puifqu'il n'en a

point mis à ce qu'il a fait pour eux,
& qu'ils ne sçauroient jamais lui
rendre la moindre partie de ce qu'il
leur a donné.

Ce n'est donc pas trop demander a un Chretien que de dire que,
s'il n'a pas occasion de souffrir la
mort pour Jesus-Christ, il doit au
moins y être disposé. Que si la charité doit être assez forte dans son
cœur pour le conserver dans cette
disposition, il est nécessaire que
dans le repos & la paix, aussi-bien
que dans la persécution, Dieu voie
qu'il ne cherche que sa gloire, qu'il
ne travaille que pour son service,
& qu'il est toujours prêt à sacrifier
toutes choses pour l'amour de lui.
C'est ce qu'il demande de nous, &
c'est ce que nous n'oserions nous
promettre que nous puissions faire,
si lui-même qui son de le fonds des
cœurs ne nous donne moyen de
connoître le nôtre par les occasions
qu'il nous fait rencontrer, & où
nous avons quelque chose à souffrir pour l'amour de lui. Il faut

donc tâcher de se les rendre utiles, ne s'en pas faire quelque chose d'extraordinaire ; mais plutôt s'y accoutumer comme à l'exercice qui nous doit être le plus familier, & qui nous doit fortifier, & non pas affoiblir dans la vertu.

Cette épreuve nous sera avantageuse, si elle commence à faire en nous ce que le dernier Jugement y doit faire, qui est de découvrir ce qu'il y a de foible & d'imparfait en nous, & de consumer déja par avance le foin & le chaume que nous avons bâtis sur le fondement de la foi, afin de nous disposer à y bâtir des pierres précieuses, par l'exercice de la foi & des vertus à la pratique desquelles il nous engage nécessairement.

Mais n'attendons pas pour nous y exercer que nous nous trouvions dans des plus grandes occasions de les pratiquer. Nous serions en danger d'y succomber, & de nous laisser vaincre dans le tems du combat, si nous n'avons eu foin pendant

la

la paix de faire provifion d'armes
pour nous défendre & pour re-
poufſer nos ennemis. Ces armes
ſont la foi & la charité, dans leſquelles, comme dit S. Paul, nous
devons être *fondées & enracinées*
de telle forte que rien ne puiſſe
nous ébranler, & nous faire manquer à la fidélité que nous lui a-
vons promiſe en nous engageant à
ſon ſervice, & c'eſt en tout tems
que nous devons avoir cet amour
pour Dieu, quoiqu'il produiſe des
effets bien différens ſelon les différentes occaſions que Dieu nous fait
naître de lui témoigner notre fidélité.

Il y a une figure de cela dans le
Prophete Iſaïe qui parlant de l'a-
bondance que Dieu promettoit à
ſon peuple qui avoit été long-tems
affligé de la guerre, dit qu'*ils forge-
ront les épées en coutres de charues, &
les lances en faux pour ſcier les bleds.*
C'eſt ce qu'il faut faire dans le tems
de paix. Il n'eſt pas beſoin de changer de diſpoſition, la charité doit

toujours être la même ; mais on s'en fert différemment, felon les différentes occafions où il plaît à Dieu de nous engager. Qui n'a point durant la paix ce fer de la charité qui nous attache à Dieu par une fidélité inviolable, n'aura pas de quoi forger des épées & des lances pour fe défendre lorfque les occafions de combattre arriveront. Il faut donc pour s'y préparer endurcir fon corps & fon ame à la fouffrance. L'ame s'y endurcit quand on l'accoutume à porter les humiliations & les contradictions. Le corps s'y endurcit auffi quand on l'exerce par la fatigue & les travaux de la pénitence, qu'on fe rend la croix familiere, qu'on fuit tout ce qui plaît aux fens, qu'on fupporte ce qui leur eft contraire, & qu'on embraffe la mortification de Jefus-Chrift dans toute fon étendue, craignant tout ce qui flatte & entretient la molleffe de la chair ou la délicateffe de l'efprit.

Mais ce feroit une grande preuve qu'on ne feroit pas accoutumé à la fouffrance, fi l'on avoit peur d'entendre dire ici qu'il faut être préparées à fouffrir de la part des perfonnes qui ufurpant l'autorité pour le gouvernement de la Maifon n'auroient pas tant d'égard à nos befoins & à nos infirmités que l'on a accoutumé d'en avoir, ou qui au moins les regarderoient avec indifférence. S. Bafile dit « qu'on » n'eft Religieufe qu'à demi , » quand on fe contente de fervir » Dieu par l'efprit, & qu'on ne ré- » duit pas le corps fous la fervitu- » de fainte de la pénitence & de » la mortification. » Si donc nous fommes convaincues de cette vérité, & que nous connoiffions l'obligation que nous avons d'embraffer notre croix ; l'épreuve dans laquelle nous fommes en ce tems-ci, doit fervir à nous faire connoître fi nous fommes difpofées à tout facrifier à Dieu. Mais en même-tems il faut reconnoître que ce ne fera pas par nous-mêmes que nous fe-

rons ce facrifice. C'eft à lui à nous
en donner la grace. Il la faut demander , & nous repréfenter fouvent ce que Jefus-Chrift a fouffert
pour nous , afin que cette vue nous
excite a fouffrir pour lui , & nous
porte à lui donner des marques de
notre reconnoiffance. Si nous é-
tions bien touchées de le voir condamné par des hommes injuftes ,
ne ferions-nons pas confolées, lorfque pour nous rendre conformes à
lui , il permet que nous foyons
auffi condamnées par des perfonnes qui nous jugent injuftement.
Si nous nous accoutumions à mé-
diter fes fouffrances nous nous ac-
coutumerions à nous foumettre à
celles qu'il lui plaît de nous envoyer , & perdant l'horreur naturelle que nous en avons , il en naî-
troit une joie & une reconnoiffance qui feroit que nous regarderions
moins ce qu'il en coute à la nature ,
que ce que la foi nous y fait mériter , & nous ne penferions qu'à
offrir à Dieu avec joie le facrifice

de la pénitence & de la mortification chretienne pour lui témoigner
notre fidélité dans les occasions qui
se présentent.

❖❧❧❧❧❧❧❖❧❧❧❧❧❧❖

Juger de tout par la foi. Estre persua-
dé que les afflictions, loin de ruiner
l'union qui regne dans une Commu-
nauté, lui font au contraire porter
beaucoup de fruits. Ne point juger
ses Sœurs. Bien esperer de toutes,
même de plus foibles, même de cel-
les qui seroient tombées.

IL ME semble qu'on ne peut Le 15.
Mars.
bien comprendre ces avis qu'on
ne soit établi dans la foi, & que
l'on ne renonce au jugement que
la nature, & les sens inspirent de
porter des choses qui lui sont si opposées & dans lesquelles la raison
dicteroit tous le contraire de ce
que l'on vient de nous dire. A juger humainement ne croiroit-on
pas que de telles afflictions sont
propres à ruiner la charité, & l'u-

nion qui eſt dans une Communauté ? Néanmoins c'eſt dans ces occaſions mêmes qu'elle rapporte plus de fruit , non-ſeulement à l'égard de Dieu , mais même à l'égard du prochain. Cela paroît un objet de foi.

Des perſonnes croiront que ſi on enleve quelques-unes de la Maiſon, il eſt indubitable que le reſte ſuccombera ; mais ſi nous agiſſons par le principe de la foi, nous nous affermirons dans la confiance que ce qui ſemble n'être fait que pour ruiner la Maiſon , ſervira à l'établir , & à prouver que la vertu que nos Meres ont tâché d'y établir eſt véritablement fondée ſur la pierre, & que rien ne ſçauroit renverſer.

La foi opere des miracles , & c'en eſt un grand de faire qu'une Communauté demeure unie, lorſque tout ſemble conſpirer à y mettre la ſéparation. On reconnoîtra par là ſi le feu de la charité y eſt véritablement allumé. Car ſi cela eſt, *les plus grandes eaux ne le pour-*

ront éteindre, & tous les efforts du
démon y feront inutiles ; c'est l'effet de la puissance de la grace, &
le caractere des personnes qui appartiennent véritablement à Dieu,
que de ne pouvoir être séparées de
la charité, & par conséquent de
l'union qu'elles ont les unes avec
les autres : *On ne brisera point leurs
os*, non-plus qu'il est dit de Jesus-
Christ leur Chef *, c'est-à-dire,
que rien ne pourra ébranler la fermeté de l'union qui les unit ensemble dans la charité de Dieu, dont
le desir est de rassembler & de réu-
nir tous ses enfans, comme celui
du démon est de les diviser.

Ainsi on peut dire que si l'Esprit
de Dieu regne parmi nous, il nous
unira de telle sorte, que nous ne
pourrons pas même être séparées
dans la plus grande séparation :
comme au contraire si l'esprit du
monde & du démon y regne, nous
pourrions être unies extérieurement & en apparence ; mais nous
serions véritablement désunies &

Cant. c.
8. v. 7.

Pf. 33.

*Exode
c. 12. v.
46.

féparées les unes des autres.

Qu'eſt - ce donc qui peut établir notre union, & la rendre inviola-ble? Il n'y a que Dieu. S'il eſt au milieu de nous, il eſt invincible, & rien ne pourra nous féparer. Mais comment connoître ſi Dieu eſt avec nous? Il n'y a qu'à voir ſi la charité y eſt fortement établie. Si cela eſt, nous n'avons rien à craindre, & nous devons nous confoler par ces paroles de l'Ecri-ture : « Dieu eſt au milieu d'elle, » elle ſera point ébranlée : *Deus in medio ejus, non commovebitur.* Voilà l'idée qu'on doit avoir d'une Com-munauté : regarder tous les ſujets qui la compoſent comme des per-fonnes unies à Dieu, ſecourues de ſa grace, & liées enfemble par ſa charité. *Dieu qui demeure au milieu d'elles* ne changera point, & tant qu'elles demeureront avec lui, *elles ne feront point ébranlées,* & l'union qui les unit entr'elles ne pourra être rompue.

Je ſçais bien que ſelon le raiſon-nement

Pl. 45.

nement humain , on dira qu'il n'eſt
pas poſſible qu'entre toutes les perſonnes qui compoſent une grande
Communauté , il n'y en ait quelques - unes qui ſuccombent à une
tentation auſſi forte & auſſi extraordinaire que celle qui menace cette Maiſon. Cela eſt vrai en quelque ſorte, à en juger ſelon la raiſon
& l'apparence humaine : mais ſelon
la foi , qui nous apprend que rien
n'eſt impoſſible à Dieu , cela eſt
faux ; puiſque celui qui donne la
force à une ſeule la peut donner à
mille , ſi c'eſt ſa volonté ; & tant
que nous ne la connoiſſons pas , il
ne nous eſt pas permis de vouloir
pénétrer dans l'avenir pour juger
de nos Sœurs.

On peut bien reconnoître en general qu'il peut y en avoir parmi
nous qui s'affoibliront ; mais l'uſa-
ge qu'on doit faire de cette vérité,
eſt de ſe l'appliquer à ſoi - même ,
pour s'humilier, & dire avec les
Apôtres : « Eſt-ce moi ? *Numquid* Matth.
ego ? Pas un ne juge que ce peut c. 26. v.
22.

E

être son frere ; mais chacun reconnoît qu'il est lui-même capable de tomber. C'est ce que nous devons faire , puisqu'il ne nous est permis de juger que de nous mêmes , & qu'il nous est défendu de juger les autres. Si nous croyons remarquer leurs foiblesses & leurs imperfections , nous n'avons pas pour cela droit de les juger, & nous sommes obligées d'en bien espérer.

Il faut nous examiner , & sonder le fonds de notre cœur , ou plutôt demander à Dieu qu'il le fonde , & nous fasse connoître s'il n'y a rien qui tende à l'égarement, & nous expose à tomber dans la voie de l'iniquité. Il faut le prier qu'il nous fasse marcher dans celle de la vérité , en nous faisant connoître que nous ne sommes par nous-mêmes que foiblesse & qu'impuissance , & par conséquent que nous ne pouvons demeurer fermes qu'autant que ce sera lui qui nous soutiendra. Mais il faut que la charité nous apprenne à juger avantageusement de la disposition de nos Sœurs, que nous regardions notre Communauté comme nous apprenons par l'Ecriture que Dieu regarde l'Eglise, à laquelle il dit en la personne de l'Epoux : *Vous êtes toute belle , & il n'y a point de tache en vous.* C'est l'idée que nous devons nous en former , afin que nous reglions l'amour que nous avons pour nos Sœurs sur celui que Dieu même leur porte.

Prétendons-nous pour cela qu'il ne doit plus y avoir de défauts dans elles : c'est un avantage qui sans doute ne se trouve qu'en peu de personnes , & il ne nous est pas permis par cette raison de nous dispenser d'avoir de l'amour pour celles qui nous paroissent avoir beaucoup de défauts. Mais comment nous dispenserons nous de les aimer, quand nous voyons que Dieu les aime ? S'il n'aimoit que les parfaits , nous pourrions dire que nous ne trouvons pas des sujets qui méritent notre affection.

Cant. des Canti ch. 4. v. 7.

E ij

L'Ecriture nous apprend qu'il a aimé les Elus dès l'éternité , & nous fçavons qu'il a permis que quelques - uns de ſes Saints aient été dans le tems abandonnés dans de grands crimes, qui les auroient aſſurément perdus s'ils y etoient demeurés. Ils paroiſſoient en cet état l'objet de la colere de Dieu, & ils l'auroient été effectivement, ſi ſa miſéricorde ne les avoit tirés de ce double néant du péché, pour en faire des vaſes d'élection, & les ſanctifier pour ſa gloire.

Comme nous ne fçavons point ſes deſſeins ſur tous les hommes, qu'eſt-ce qui nous empêche d'avoir bonne opinion de nos Sœurs, & de les regarder toutes comme des vaiſ-faux qui , ſelon l'expreſſion d'un Pere de l'Egliſe, « ſont capables » de recevoir les effets de ſa grace » & de ſa bonté. » Quand même il ſeroit vrai de quelques - unes qu'elles ne devroient pas perſévé-rer , nous nous tromperions ſi nous prétendions les juger, puiſque nous

ne voyons point l'avenir, & que
nous ne pouvons sans témérité oser
prétendre d'y pénétrer, & nous
mettre au dessus de celles qui doivent peut-être un jour nous être
préférées au Jugement de Dieu,
qui souvent ne juge ni sur le présent, ni sur le passé ; mais sur l'a-
venir que nous ignorons pour nous-
mêmes & pour les autres.

Tout ce que nous avons à faire,
c'est de considérer que les ames ra-
chetées par le sang d'un Dieu doivent être précieuses, & que cette
pensée nous oblige d'avoir du respect & de l'affection pour elles,
dans le tems même où nous les verrions tomber, ne sçachant pas si
Dieu ne voudra point un jour tirer
de nouvelles créatures de cette
poussiere & de ce néant où elles
nous paroissent réduites. C'est alors
qu'il faut tâcher de faire ce que dit
le Prophete, que les serviteurs de
Dieu ont tant de zele & d'ardeur
pour la Jerusalem céleste, & qu'ils
sont si touchés de ses ruines, qu'ils

en aiment toutes les pierres , &
jufqu'à la pouffiere qui eft l'objet
de leur compaffion : *Et terra ejus
miferebuntur.*

Pf. 101.

Nous voyons dans le Livre de
Tobie , que prédifant le rétour de
la captivité de fon peuple, il parle
de Jerufalem d'une maniere qui ne
peut être entendue que de l'Eglife
de Dieu. Il fait la defcription de
tout ce qui compofe la beauté de
Jerufalem , & la dépeint d'une maniere qui en exprime tout - à - fait
l'excellence , & en découvre la
fainteté. Mais pour ne nous y pas
arrêter préfentement, il fuffit de
remarquer qu'après avoir dit que
*les portes font de faphirs & d'émerau-
des* , & que *les murs font revêtus de
pierres précieufes* , il ajoute que *fes
rues font pavées de pierres blanches &
nettes.* Voilà l'image de l'Eglife ,
& d'une Communauté Religieufe.
Il faut nous imaginer qu'il n'y a
rien de fi bas en apparence qu'il ne
faille eftimer précieux , puifqu'il
l'eft aux yeux de Dieu.

Tobie c. 13.

v. 21.

v. 22.

Souvenons - nous que Dieu nous
a aimées , ſans qu'il y ait rien en
nous qui méritât d'être l'objet de
ſon amour , & en reconnoiſſance
de cette grace , aimons pour l'amour
de lui celles que nous ſçavons qu'il
aime , puiſqu'il les a favoriſées auſſi-bien que nous. Ayons de l'eſtime & du reſpect pour toutes nos
Sœurs. Ayons bonne opinion de
leur vertu , & croyons que quelqu'effort que l'ennemi puiſſe faire
pour détruire la Maiſon , elle ne
ſera point renverſée , ſi la charité
qui en eſt le ſoutien n'y eſt point
ébranlée. C'eſt elle qui unit enſemble toutes les pierres qui ſont
choiſies pour compoſer la Jéruſa-
lem céleſte , & elle nous apprend
à n'en mépriſer aucune , mais plutôt à conſidérer qu'étant le prix de
la mort d'un Dieu , elles ſont toutes précieuſes à ſes yeux , quoiqu'elles aient différens dégrés de mérite : ce qui eſt marqué dans la deſ-
cription que fait Tobie de la beauté
de Jeruſalem. Il dit que ſes *portes* ^{Ch. 13.} ^{v. 21.}

E iiij

*font couvertes de faphirs & d'émerau-
des.*

Le *faphir* marque ces perſonnes qui regardent tout ſpirituellement, dont l'eſprit eſt déja dans le ciel, qui ne ſont point frappées d'appré-henſion pour les maux dont on les menace, & qui regardent toutes choſes dans le deſſein de Dieu, où leur cœur eſt déja élevé, & ne ſe laiſſent point aller aux craintes & aux défiances qui pourroient les a-battre. Elles n'en ont point pour les autres, non plus que pour elles-mêmes, & elles les regardent com-me des pierres précieuſes devant Dieu, qu'elles ſont obligées d'ai-mer, ſçachant qu'il les chérit, & qu'elles ont autant de beauté à ſes yeux qu'il a plu à ſa grace de leur en donner.

L'*émeraude* figure l'eſpérance, & elle repréſente ces ames qui appre-nant par les graces qu'elles ont dé-ja reçues de la bonté de Dieu, à eſpérer celles qui leur ſont néceſ-ſaires pour l'avenir, ſont inacceſſibles à tous les efforts par leſquels le démon entreprend de les ébranler. Ce ſont des portes fermées, & qui ne ſont jamais ouvertes pour l'ennemi, parce que toute leur crainte & leur eſperance eſt du côté de Dieu. Elles ne craignent que ce qui peut les ſéparer de lui. Elles n'eſperent que les biens qu'il leur promet ; & ainſi elles ſont inſenſibles à tout le reſte.

Il eſt dit encore que *le pavé de Jeruſalem eſt de pierres blanches & polies*, pour nous apprendre que ce qui paroît de moins élevé ne laiſſe pas d'avoir ſa beauté. Il faut tout eſpérer des ames qui ſont le temple & la maiſon de Dieu, puiſqu'il n'y a pas juſqu'à la pouſſiere & au pavé que l'on foule aux pieds, qui ne lui ſoit agréable par ſa blancheur & ſa pureté. C'eſt là que l'on chante, ALLELUIA. On n'y trouve point d'occaſion de ſcandale, & les ames ſe tenant fortement appuyées ſur les preuves de la charité & de l'amour de leur Dieu,

Tobie c. 13. v. 22.

chantent par avance le Cantique
de leur délivrance : & quel est ce
Cantique ? C'est celui de l'amour
qui fait qu'elles répondent à la charité de Dieu par une action de graces continuelle, s'attachant à lui,
& se regardant comme déja délivrées, parce qu'elles sçavent que
rien ne les peut séparer de son a-
mour, tant qu'elles-mêmes ne s'en
sépareront pas, & demeureront
fideles à celui qui les a élues, & les
a préférées à une infinité d'autres
créatures qu'il a laissées dans les ténebres de l'ignorance & du péché.
Si nous concevions bien cette vérité, & que nous eussions bien dans
l'esprit qu'il est impossible que les
hommes détruisent l'ouvrage de
Dieu, nous ne nous troublerions
pas de ce qu'ils peuvent faire, &
ne penserions qu'à nous reposer sur
sa charité, n'ayant point de plus
grande crainte que de nous en séparer nous - mêmes.

AVIS PARTICULIERS *

DE LA R. M. AGNE'S.

Pauvreté.

» A PRES avoir recommandé
» la charité mutuelle comme
» le fondement fur lequel tout le
» refte doit fubfifter, il faut auffi
» prévoir à ce qui peut donner des
» atteintes à la pauvreté religieufe,
» à quoi le peu de revenu de la
» Maifon, qui ne fuffit pas pour
» un fi grand nombre de filles,
» pourra donner entrée, & intro-
» duire la coutume qui fe trouve
» en plufieurs Maifons d'ailleurs
» bien reglées, où l'on permet aux
» Religieufes de demander à leurs
» parens ce qui eft néceffaire pour
» leur entretien. D'où il arrive une
» infinité de défordres qui ont été

* Ce font les Avis que la Mere Agnès promet
à la pag. iv.

» feulement touchés dans les Con-
» ftitutions , n'ayant point prévû
» que l'occafion d'un fi grand trou-
» ble dût arriver à ce Monaftere.

» Pour ne point parler de ces
» inconveniens , mais feulement
» par avance des remedes qu'on y
» doit apporter , il faut que les
» Sœurs fe preparent à fouffrir de
» l'incommodité & a manquer mê-
» me des chofes qui femblent né-
» ceffaires par l'accoutumance où
» l'on eft d'être affiftées de tout ce
» dont on a befoin : ce qui auroit
» empêché jufqu'à préfent d'ofer
» croire que l'on s'acquitte de fon
» vœu de pauvreté fans la prépa-
» ration de cœur qu'on doit avoir
» eue , pour être privée de ces ac-
» commodements , quand la pro-
» vidence de Dieu l'ordonnera ; &
» comme il n'y a pas d'apparence
» que les aumônes qu'on a faites
» jufqu'à préfent au Monaftere ,
» & qui ont contribué à le faire fub-
» fifter , autant même que le reve-
» nu , continuent , il y faudra fup-

» pléer par la patience, sans se
» plaindre qu'on ne donne pas les
» besoins, & sans recourir aux pa-
» rens, ausquels on a renoncé en
» se faisant Religieuses. Elles ap-
» pliqueront en cet endroit les pa-
» roles que Jesus Christ nous dit
» dans l'Evangile : *Souvenez - vous*   Luc. c.
» *de la femme de Loth*, & elles ap-   17. 32.
» préhenderont que si elles retour-
» noient la tête pour regarder ce
» qu'elles ont abandonné pour
» Dieu, elles ne devinssent indi-
» gnes de son royaume, qui leur
» est acquis par un double titre, si
» elles persévèrent dans la prati-
» que de la pauvreté par un atta-
» chement volontaire, lorsque l'en-
» gagement où elles se trouveront
» de souffrir pour la justice les ré-
» duira à en sentir les incommodi-
» tés. Elles considéreront que si el-
» les n'ont une grande fermeté sur
» ce point, elles peuvent donner oc-
» casions à la ruine de tout le bien
» spirituel de la Maison. La pro-
» priété qui est la ruine de la charité

» s'eſt introduite dans pluſieurs
» Maiſons religieuſes par ceſte li-
» berté de recourir aux parens dans
» leurs beſoins , les Superieures
» étant bien aiſes , pour conſerver
» plus de biens à leur diſpoſition ,
» de réduire les Religieuſes à cette
» néceſſité. en ne leur donnant pas
» ce qui leur feroit néceſſaire , afin
» que les parens ſe portent à pour-
» voir à leurs beſoins. Mais pour
» ne pas donner entrée à ce déſor-
» dre , il faut ſe réſoudre à une
» grande fermeté ſur ce point pour
» n'écouter pas tous les prétextes
» que l'on pourroit avoir de croire
» qu'on peut s'y relâcher ; car la
» prudence humaine en ſuggere
» beaucoup. Si on ne nous donne
» point les choſes néceſſaires, nous
» en ſouffrirons le manquement
» ſans inquiétude , puiſque nous ne
» ſouffrons que pour le royaume de
Matth. » Dieu & ſa juſtice ; & notre Pe-
c. 6. » re céleſte qui ſçait de quoi nous
» avons beſoin y pourvoira en la
» maniere qui ſera le plus utile.

» L'on ne s'inquiétera point de
» voir la Maison presque ruinée
» par les renversemens qui y seront
» arrivés ; mais on considérera que
» la providence nous a réduites à
» un état quasi semblable à celui des
» Religieuses Mandiâtes qui n'ont
« rien en commun non plus qu'en
» particulier ; & l'on tâchera d'ex-
» pier par cette indigence les fautes
» qu'on a faites à ne vouloir man-
» quer de rien , & à ne pas ména-
» ger le bien de la Maison comme
» la Regle l'ordonne, en voulant
» qu'on regarde les choses dont on
» se sert comme on fait les vases
» sacrés , les choses temporelles du
» Monastere appartenant à Dieu
» comme les spirituelles ; ce qui
» oblige de n'user des unes non plus
» que des autres , qu'autant que
» Dieu le permet , sans dissiper les
» biens du Seigneur comme il est
» marqué dans l'Evangile.   Luc. 16.

 » L'on ne se plaindra point non
» plus de la nourriture ni pour la
» quantité , ni pour l'assaisonne-

» ment , faisant état que le tems
» est venu qu'il faut pratiquer à
» lettre ce que dit le Fils de Dieu :
» qu'il ne faut point avoir de folli-
» citude de ce que l'on mangera ,
» ni de ce que l'on boira , ni de
» quoi l'on fera vêtu , puisqu'il n'y
» va de rien moins à un Chretien,
» que de se rendre femblable à un
» infidéle, s'il entroit dans les mê-
» mes inquiétudes. Il y faut encore
» ajouter les affistances pendant les
» maladies qui confistent en des re-
» medes, & en des viandes conve-
» nables à l'état où l'on est ; mais
» il faut espérer que Dieu qui ne
» permet point que l'on soit tenté
» par-dessus ses forces, donnera
» plus de force & de patience ;
» quand on en aura plus grand be-
» soin. »

Matth. ch. 6. v. 25.

1. Cor. c. 10. v. 13.

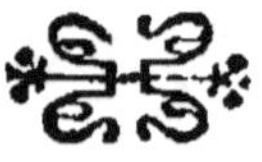

REFLEXIONS
DE
LA R. M. ANGELIQUE
Sur les avis précédens,

NOu s devons faire d'autant plus d'attention à ces avis, que la Mere Agnès ne fait qu'y achever ce qu'elle avoit commencé dans les Conſtitutions. Et comme Dieu s'eſt ſervi d'elle pour nous donner ſa Loi , & nous faire connoître le chemin par où nous devons marcher pour arriver à la perfection de la vie religieuſe , à laquelle il nous a appellées , il ſemble qu'on peut dire qu'il a voulu qu'elle ait continué de faire dans ces avis ce qu'elle avoit commencé , en nous apprenant juſqu'où doit aller la patience , & la mortification religieuſe dans les rencontres que l'on pourroit avoir de pratiquer la pauvreté que l'on a vouée. L'on ne l'a point prévu dans les Conſtitutions , &

Le 20 Mars.

F

c'eſt l'ordinaire que lorſque l'on dreſſe une regle , on ſuppoſe les regles en ſuppoſant les choſes dans l'état où l'on les ſouhaite. Ainſi quand on a marqué la charité & la compaſſion que doivent avoir les Superieures pour s'appliquer a tous les beſoins des Sœurs , on n'a pas prévu qu'elles pourroient ſe trouver dans le manquement & la pauvreté des choſes les plus néceſſaires. Il n'y avoit donc rien pour nous preſcrire ce qu'on auroit dû faire dans une occaſion pareille à celle-là : cependant elle peut arriver , & quoiqu'on ne l'ait pas prévu en s'engageant dans la religion ; s'il plaiſoit à Dieu de permettre qu'elle arrivât , il faut ſçavoir ce qu'il y auroit à faire , & comment on devroit s'y conduire.

Dieu eſt au-deſſus des Conſtitutions , & s'il demande de nous plus qu'elles ne préſcrivent , il ne faut pas nous imaginer que , parce que nous ſommes Religieuſes , il nous diſpenſera de la perfection à

laquelle il oblige le commun des
Chretiens qui doivent se confier
dans sa providence , & souffrir a-
vec paix , quand la ruine de leur
maison les fait tomber d'un état
fort élevé , dans un autre fort a-
baissé , & changer les plaisirs & les
commodités des richesses dans les
miseres & les souffrances de la pauvreté. Si l'on n'y prend garde , il
est aisé de tomber dans ce défaut.
On s'accoutume à tout , & lorsqu'il arrive que dans un état même saint & religieux , on y trouve
l'abondance de toutes les choses nécessaires , il semble qu'on s'y forme une certaine habitude à ne manquer de rien , qu'on ne s'attend
plus à la pauvreté , comme peuvent faire les gens du monde , qui
par les mauvaises affaires qui leur arrivent souvent, & par la peine qu'ils
ont à faire subsister leur maison ,
font quelquefois moins surpris de
la voir ruiner , au lieu qu'il n'est
pas ordinaire de voir arriver de
semblables rencontres aux Communautés.   F ij

Mais peut-on demeurer d'accord que tout Chretien est obligé de souffrir avec patience la perte des biens, quand Dieu permet qu'elle lui arrive ; & s'imaginer que des personnes religieuses qui s'en sont dépouillées volontairement ne devroient pas porter avec soumission & avec paix de se voir réduites dans la pauvreté & dans le manquement de toutes choses, à quoi elles ont dû être préparées du moment qu'elles se sont consacrées à Dieu par leurs vœux. Nous devons donc regarder comme une benédiction de Dieu particuliere que la Mere Agnès ait eu le tems de prévoir que nous pourrions nous trouver réduites en cet état, afin qu'elle pût nous instruire sur ce sujet, & suppléer à ce qu'elle n'a pas prévu en particulier devoir arriver, lorsqu'elle a écrit les Constitutions ; quoique l'on puisse dire en une maniere que ce qui y est écrit suffit, si nous le pratiquons pour nous mettre dans cette préparation de cœur, pour souffrir la perte des biens & des commodités qui peuvent sembler nécessaires. Car une personne qui est bien fondée dans l'amour de la pauvreté & dans un parfait désintéressement, tel qu'il nous est prescrit, sera disposée, quand Dieu lui en donnera occasion, à souffrir la privation des biens ausquels elle aura renoncé dans son cœur, & pour lesquels elle n'aura nulle attache.

Pourquoi Jesus-Christ dit-il dans l'Evangile, que l'on ne peut servir à deux maîtres? Ce n'est pas que les richesses par elles-mêmes puissent dominer sur notre cœur, & le rendre esclave de leur tyrannie ; mais c'est l'amour que l'on leur porte qui captive le cœur. Et pourquoi les aime-t-on? Parce qu'on s'aime soi même. Plus on est esclave de l'amour de soi-même, & plus on se donne d'inquiétude & on a appréhension de manquer des moindres choses. Il faut détacher & arracher de notre cœur

Matth. ch. 6. v. 24.

cette attache qui lui eft fi naturelle; mais il faut fçavoir que cette
malheureufe racine ne fe coupe
pas tout d'un coup. Tout ce que
nous pouvons faire eft de travailler toute notre vie à la diminuer,
& à la combattre jufqu'à la fin, contre l'inclination que nous avons à
nous aimer & à faire par rapport à
nous - mêmes ce que nous devons
faire pour Dieu feul. Ceux qui aiment les richeffes font condamnés,
parce qu'ils mettent leur fubfiftan-
ce & leur repos dans des biens pour
lefquels ils ne font point crées, &
qui ne les peuvent rendre heureux.
Il n'appartient qu'à Dieu de remplir notre cœur, d'être l'objet de
notre béatitude, & de combler
tous nos defirs. Si nous tranfpor-
tons notre cœur dans la créature,
que nous y mettions notre efpérance, que nous voulions y trouver
notre joie, & nous repofer fur les
fecours que nous y cherchons, nous
en faifons un Dieu, que nous mettons à la place de Dieu même, &

dont nous nous rendons les escla-
ves. Ce seroit le plus grand malheur qui nous pût arriver. Estimons donc que c'est un bonheur
pour nous, que Dieu nous donne
occasion de sonder notre cœur, &
de le connoître, pour voir si nous
embrasserions avec joie, & selon
ses ordres un état qui nous expose-
roit à la souffrance & à la nécessité.

Nous voila peut-être à la veille
de nous trouver en état de souffrir
la pauvreté, & de n'être plus dans
l'abondance, comme nous avons
été jusqu'ici. Voyons si notre cœur
y consent, & si s'il n'a rien à dire
qu'*Amen*. Si cela est, & que nous
ne refusions rien de ce qui se présentera à souffrir, il sera vrai que
nous aurons été Religieuses en
tout.

L'homme ne peut jamais s'assurer de ses dispositions, & s'il demeurera fidéle à Dieu, jusqu'à ce
qu'il ait eu occasion de s'éprouver.
Nous ne connoissons point si nous
aimons Dieu plus que toutes cho-

fes, jufqu'à ce que nous ayons vû s'il eft vrai que nous fommes contentes de lui feul, & que lorfqu'il femble que tout nous manque, nous trouvons en lui ce qu'on ne nous fçauroit jamais ôter. L'Ecriture dit que Dieu nous a formé comme un potier forme des vaiffeaux qu'il éprouve dans la fournaife pour voir s'ils font bons. Jufqu'ici on pourroit dire que nous n'avons pas connu fi nous fommes des vafes d'élection; mais le feu de la pauvreté le découvrira & fera voir s'il eft vrai que toute notre confiance & toutes nos richeffes font en Dieu, & que nous ne craignons point de perdre tout ce qui ne nous fert point à aller à lui, & qui peut au contraire nous en détourner en nous attachant à la terre.

Nous ne devons point craindre de manquer de force pour fupporter la pauvreté: quand nous avons fait vœu de l'embraffer pour toute notre vie, nous n'avons pas dû nous appuyer fur nos propres forces.

ces. Nous nous sommes appuyées
sur la force toute-puissante de celui qui nous a inspirées de lui faire
cette promesse. Ce sera donc lui
qui nous donnera aussi les forces
pour l'accomplir. Espérons que
l'occasion nous fera reconnoître s'il
est seul notre richesse & notre tré-
sor, & sa grace nous tiendra la
place de tout ce que nous perdrons
pour lui.

Nous ne sommes pas encore tout-
à-fait dans l'épreuve ; mais il y a
apparence que nous en approchons;
& il faut voir quel effet produit
cette attente dans notre esprit. Il
y a plus de personnes qui sont a-
battues par la frayeur de la pauvreté, qu'il n'y en a qui succom-
bent aux maux qu'elle leur fait
souffrir : & c'est à quoi il faut prendre garde. L'amour de nous-mêmes nous fait toujours fuir la souffrance ; & cependant nous la devrions embrasser, & être bien ai-
ses d'avoir occasion par elle de nous
connoître, & de remédier à nos

G

foiblesses , afin de n'être pas con-
fondues un jour , quand nous paroîtrons au Jugement de Dieu. Il
nous dit par un Prophete qu'il
nous a choisies dans la fournaise de
la pauvreté. C'est là qu'il nous é-
prouve , & l'on connoîtra si nous
l'aimons , & si nous avons plus de
confiance en sa bonté qu'en tous
les secours & les commodités que
les richesses nous pourroient procurer.

C'est dans cette fournaise de la
pauvreté que nous devons espérer
de rencontrer la grace & la protection de Dieu, comme ces trois jeunes - hommes qui furent mis dans
la fournaise de Babylone , & à qui
l'expérience fit connoître que Dieu
n'abandonne point ceux qui lui
sont fidéles, & qui n'esperent qu'en
lui. Les flammes du feu furent
changées pour eux en *une douce rosée* ; & c'est ce qui arrive aux ames
qui suivent leurs exemples , & qui
mettant toute leur confiance en
Dieu s'exposent au péril plutôt

que de manquer à ce qu'elles lui
doivent. Les choses qui paroissent
leur devoir nuire, se changent à
leur avantage, & elles trouvent
même de la joie & de la douceur
dans ce qui consumeroit les autres
de chagrin & d'inquiétude. Mais
pour cela il faut être dans la disposition de ces jeunes enfans, &
dire avec eux, que nous sçavons
que Dieu nous peut délivrer s'il le
veut ; mais que s'il ne le veut pas,
nous ne nous relâcherons point de
l'observance de ses commandemens, & de la fidélité que nous
lui devons.

Daniel
ch 3. v.
17. 18.

Ce seroit être trop avare de prétendre à l'héritage & au bonheur
du Ciel, & vouloir en même-tems
se promettre qu'on n'aura point
d'afflictions, & qu'on jouïra des
biens de ce monde. C'est assez que
nous puissions espérer que Dieu
nous soutiendra, & qu'il nous fera
même trouver un sujet de mériter
des récompenses & des couronnes
pour les maux que nous souffrirons

fur la terre , & qui feront de peu
de durée. Encore que J. C. parlant de la follicitude trop grande
que l'on a pour les chofes du monde , ait dit : *Cherchez premierement*
le Royaume de Dieu , & le refte vous
fera donné par deffus. Il n'entend
pas par cette promeffe , qu'il nous
accordera les biens de la terre ,
quand nous chercherons ceux du
Ciel, puifqu'il blâme ceux qui s'in-
quietent de peur d'en manquer, &
qu'il avoit dit auparavant : *Votre*
Pere fçait que vous avez befoin de ces
chofes ; mais il veut nous donner
affurance que fa grace ne nous fçauroit manquer quand nous voudrons
bien manquer de tout pour l'amour
de lui, & que nous ne chercherons
qu'à le faire regner fur nous, en
accompliffant la juftice. Il nous
promet les biens fpirituels , & la
grace de nous foutenir dans la fouffrance, que notre foi doit regarder
comme neceffaire pour mériter les
faveurs dont il veut bien nous faire part , fi nous les defirons plus

que toutes chofes. Prions - le donc
avec inftance de nous les accorder.
Ayons une fainte ambition pour les
obtenir. Ne fouhaittons pas une
récompenfe moindre que celle du
Royaume de Dieu , qui eft promis aux pauvres. Ce feroit être lâ-
che de fe contenter de quelque chofe de plus bas. Il eft jufte que nous
ayons fouvent dans l'efprit la grandeur de la récompenfe qui nous eft
promife , afin que nous n'épar-
gnions rien pour y arriver.

Quand les deux Difciples de-
manderent à Jefus - Chrift la pré-
féance dans fon Royaume , ils fi- Marc.
guroient cette ambition fainte que c. 10. v.
tous les Chretiens doivent avoir 35.
pour y être élevés. C'eft pourquoi
le Fils de Dieu ne les blâme point
d'avoir ce defir , mais il leur fait
voir feulement qu'ils ne prenoient
pas encore les moyens pour y arriver , & qu'ils ne le feroient que.
lorfqu'ils commenceroient à boire
le calice de la fouffrance & de la

mortification. Ne le refulons donc
pas quand Dieu nous le préfente ,
puifque ce feroit refufer les premieres places dans fon Royaume.
Le rang que Dieu nous a donné
dans l'Eglife nous oblige à cela.
Les Saints Peres , en parlant des
Vierges confacrées à Dieu , les ap-
pellent « la plus illuftre portion du
» troupeau de Jefus-Chrift. » S'il
nous a déja donné cette préférence
que nous n'avons pas méritée ,
pourquoi n'afpirerions - nous pas à
pofféder dans le Ciel la même grace qu'il nous a donnée dans l'E-
glife ? Mais fi nous avons ce defir , il faut que nous comprenions
que les ames que Jefus - Chrift
éleve à la dignité de fes Epou-
fes , tirent leur grandeur & leur
nobleffe de lui feul , & qu'il eft
donc néceffaire qu'*elles le fuivent
par-tout où il va* , puifque c'eft leur
privilege.

Notre ambition fera bien reglée , fi defirant d'avoir le premier

Apocal. c. 14. v. 4.

rang dans le ciel , nous cherchons
ſur la terre à approcher de Jeſus-
Chriſt de plus près que les autres,
& que nous voulions bien y être
avec lui haïes, perſécutées des hommes , accablées de maux & de ſouffrances , mépriſées & humiliées
dans la vie & dans la mort. Quand
il permet que nous ſoyons menacées de ſouffrir tout cela comme à
préſent , il ne faut point regarder
ces ſortes de peines d'une maniere
baſſe , & avec une lâcheté qui nous
en donne de la frayeur & de l'inquiétude ; mais il faut au contraire
voir avec admiration la conduite
de Dieu ſur nous , attendant tout
ce qu'il lui plaira de permettre qui
nous arrive. Si on prévoyoit la
ſouffrance avec cette diſpoſition ,
cela banniroit bien des inquiétudes. Quand Dieu deſtine le premier rang , on doit s'eſtimer heureux, & regarder cette préférence
comme une grande grace ; & ſi l'on
entroit dans ce ſentiment , cela fe-

roit taire bien des penſées , &
reprimeroit beaucoup de vaines
craintes où l'on ſe laiſſe aller par
l'appréhenſion d'être privé des
choſes humaines , ou de manquer
de forces ſpirituelles & de graces
neceſſaires pour porter les privations & les peines , où l'on peut
être expoſé. On ne ſe trouble en
ces rencontres , que parce qu'on
manque de foi. Car ſi l'on en avoit
un peu , & que l'on regardât les
choſes dans le deſſein de Dieu, on
croiroit qu'il deſtine de grandes
graces aux perſonnes auſquelles il
deſtine de grandes ſouffrances , &
ce ſeroit un ſujet de le remercier ,
& non de ſe troubler.

Mais prenons garde que pour
n'être pas téméraires dans l'aſſurance que nous tâchons d'avoir
que Dieu nous ſoutiendra dans le
tems de la pauvreté , il faut commencer d'être pauvres dès-à-pré-
ſent , en aimant véritablement cette vertu , & la pratiquant dans

toutes les occasions qu'il plaira à
Dieu de nous envoyer. Il est difficile de sortir d'une vie molle &
languissante pour entrer dans le
combat. Les soldats qui y sont dé-
stinés s'y préparent soigneusement,
& en font tous les exercices, afin
de s'y habituer & de s'éprouver
pour se défendre ensuite, & attaquer les ennemis avec plus de facilité quand l'heure de se battre sera
arrivée. Il faut donc commencer
par se priver de bon cœur & avec
fidélité de toutes les petites choses
qui ne sont pas nécessaires, autant
qu'il nous est permis de les retrancher ; & s'il arrive, par l'ordre de
Dieu, que nous venions à manquer de celles qui nous paroissent
nécessaires, il faut ne nous en pas
plaindre, mais en souffrir la privation de bon cœur pour l'amour de
lui. Ce sera ainsi qu'on s'en déta-
chera peu à peu, & par conséquent qu'on s'accoutumera à en
porter la privation avec moins de
peine.

Mais il ne faut pas en demeurer
là , il faut demander à Dieu qu'il
éleve notre cœur au-deſſus de toutes ces choſes, afin que nous ſoyons
même dans la joie de nous en priver, comme les ſoldats de Gédeon,
qui mépriſoient , & ne vouloient
prendre qu'en paſſant, ce qu'ils
ne pouvoient refuſer aux néceſſités
de la nature. On peut remarquer
que les choſes dont ils ſe privoient,
n'étoient pas ſuperflues : mais ſi
l'on ne ſe met au-deſſus de l'attache que l'on peut avoir aux choſes
les plus néceſſaires , pour être diſ-
poſé à en manquer, ſi Dieu le permettoit, on tombera aiſément dans
la recherche des choſes ſuperflues.
Depuis qu'on s'inquiete par l'appréhenſion de manquer des choſes
néceſſaires, c'eſt une marque qu'il
y a de l'attache ; & alors on ſe
trompe facilement, ſous ce prétexte qu'elles ſont néceſſaires. Mais il
faut ſçavoir que rien n'eſt ſuperflu
à la cupidité , quand on s'y laiſſe
conduire. On croit tout néceſſaire,

Juges c.
7. v. 6.

& on craint même de manquer,
quand on est dans l'abondance.
On a toujours des raisons spécieu-
ses pour se persuader que les choses que l'on defire, ou dont l'on
craint d'être privé font nécessaires ;
mais la vraie regle de la necessité
est de ne croire rien nécessaire,
quand il ne plaît pas à Dieu de
nous le donner. *Notre Pere qui
est au Ciel sçait* de quoi *nous avons
besoin ,* & nous le donnera , parce
qu'il nous aime , quand même il
arriveroit que la pauvreté nous auroit réduites dans le manquement
de beaucoup de choses. Si c'est
pour Dieu que nous sommes en cet
état , on pourroit dire que rien ne
manque à notre charité , & que les
choses dont nous nous sommes privées peuvent être necessaires à notre corps , mais qu'elles ne le font
pas à notre foi qui se fortifie & s'en-
richit par ce dépouillement de tous
les biens de la terre.

Nous célébrons demain la fête
de S. Benoît qui est notre Légista-

Matth.
ch. 6. vc
32.

ceur & notre Pere : adreſſons-nous
à lui pour demander cet eſprit de
foi & de confiance en Dieu, qui
nous apprenne à nous contenter
de lui ſeul, & à ne deſirer point
d'autres biens que ceux de l'éternité qu'il nous promet. Il n'y a pas
une de nous qui n'ait dû enviſager,
avant que d'entrer en religion, la
récompenſe qu'elle en devoit recevoir de Dieu, en lui diſant avec
S. Pierre : Seigneur, *nous avons
tout quïtté pour vous ſuivre ; quelle récompenſe aurons - nous ?* La récompenſe que Dieu promet à ceux qui
ont tout abandonné pour lui, doit
être inceſſamment l'objet de leurs
penſées & de leurs deſirs ; & cette
vue doit produire dans ces perſonnes une diſpoſition continuelle
pour quitter tout ce que Dieu permet qu'on leur ôte, en ſorte même
qu'elles s'eſtiment heureuſes de ſe
trouver par là en état de pouvoir
dire avec S. Paul : *Qui nous ſépa-
rera de la charité de Jeſus - Chriſt ?*
Rien ne nous en éloigne que ce

Matth.
ch. 19. v.
27.

Rom. c.
8. v. 35.

qui nous attache à quelqu'autre chofe qu'à lui.

L'état où nous fommes préfentement , nous doit fervir à entrer
dans ce détachement , & cette féparation qui nous donne moyen de
nous unir parfaitement à J.C. ; &
nous avons fujet de croire que les
SS. Patriarches ds notre Ordre ,
nous y regardent comme leurs enfans , fi nous entrons dans ces exercices de foi. Toute la vie chretienne ; mais fur-tout la vie religieufe doit être un exercice de foi,
qui ne tende qu'à nous détacher de
nous-mêmes pour nous attácher à
Dieu. S. Benoît nous avertit que
toute fa Regle n'eft qu'un commencement de vertu ; que fera-ce donc
qu'une parfaite vertu ? Nous pourrons croire que nous y ferons arrivées , quand Dieu nous aura donné occafion de pratiquer le quatrié-
me dégre d'humilité, qui renferme
tout ce qui eft contenu dans la Regle ; & cette difpofition eft celle
que l'Evangile nous prefcrit , lorf-

qu'il nous oblige de renoncer à nous - mêmes, & de suivre J.C. jusqu'à la croix. Ne nous imaginons pas que Dieu nous demande rien d'extraordinaire , quand il nous envoie des occasions qui nous obligent d'aller jusques là.

❖❖❖❖❖❖❖❖❖ ❖❖❖❖❖❖❖❖❖

SUITE DES AVIS

DE LA R. M. AGNES.

Supprimer toute plainte dans les Lettres & les Visites.

» L'ON ne desirera point de
» voir les parens , ou des a-
» mis pour se consoler avec eux ,
» & encore moins pour se plaindre
» de l'état où l'on est , quand mê-
» me on auroit a liberté d'avoir
» une tierce qui seroit de confiance.
» Comme il est à croire qu'on n'en
» donnera pas de celles-là , il fau-
» dra accepter les autres , sans té-
» moigner y avoir de la répugnan-
» ce , puisqu'il y aura de l'avanta-

» ge dans cette contrainte, qui é-
» loignera la tentation de se dé-
» charger de ses peines. Quand
» on ecrira à ses parens, ce qui ne
» se doit faire que peu souvent se-
» lon les Constitutions, l'on évi-
» tera de même de parler de tout
» ce qui se passe dans la Maison ;
» quoi qu'ils eussent desiré d'en ap-
» prendre des nouvelles ; à quoi
» il faudra répondre par des ter-
» mes generaux, la discrétion ne
» permettant pas de rien dire de
» particulier, non plus que la ver-
» tu qui se doit rencontrer dans la
» souffrance pour la rendre con-
» forme à celle de Jesus – Christ
» qui s'est voulu engraisser, comme
» dit un Pere, des voluptés de la   S. Ber-
» patience, au lieu qu'il pouvoit   nard.
» diminuer ses maux autant qu'il
» lui eût plu, & n'en point souf-
» frir du tout, si sa charité n'eût
» voulu nous donner l'exemple de
» choisir la croix, quand il seroit
» en notre pouvoir de l'éviter.

 » Comme l'on ne doit point té-

» moigner au parloir les mécon-
» tentemens que l'on a , il ne faut
» pas non plus témoigner avec dif-
» simulation , qu'on eſt ſatisfaite ;
» que les perſonnes qui gouver-
» nent font bien , que ce ſont de
» bonnes Religieuſes , de qui l'on
» reçoit de l'édification. Si l'on dit
» quelque choſe , il faut que ce
» ſoit fort ſuccinctement , & en té-
» moignant que l'on ne peut pas
» avoir la même liaiſon avec elles ,
» qu'on auroit avec la véritable
» Superieure que Dieu a donnée.
» Mais parce qu'il eſt très-difficile
» de parler avec la ſageſſe , & la
» moderation qu'il faut , on ne
» manquera pas de prier Dieu a-
» vant d'entrer au parloir , ſça-
» chant que l'on ſera dans cette
» action , auſſi bien que dans toutes
I. Cor. » les autre , *un ſpectacle à Dieu, aux*
c. 4. v. 9. » *Anges & aux hommes* , & que ces
» derniers ne laiſſeront paſſer au-
» cune parole ſans l'examiner & la
» condamner s'il y a ſujet d'y trou-
» ver à redire , c'eſt pourquoi il
faudra

» faudra parler fort fuccinctement,
» puifque l'Ecriture nous affure ,
» que *les longs difcours ne feront point* Prov. c.
» *exemts de péchés.* 1ο. v. 19.

» Il fe faut bien garder de dire
» au parloir des chofes obfcures &
» par énygmes , qui ne feroient
» entendues que de ceux de dehors,
» mais qui feroient connoître à cel-
» le qui affifte qu'on la veut jouer,
» & qu'on agit par un efprit d'iro-
» nie & de mépris. Si l'on en ve-
» noit là , ce feroit le moyen de
» perdre tout le fruit qu'on peut
» recueillir de l'oppreffion où l'on
» eft, qui confifte à s'humilier fous
» la main de Dieu , & vouloir
» bien qu'il fe ferve de qui il lui
» plaît , pour détruire l'orgueil qui
» a attiré fur nous une fi grande
» humiliation. Elle ne ceffera point
» cette humiliation , jufqu'à ce
» qu'étant toutes anéanties devant
» Dieu , il releve fes fervantes ,
» quand il lui plaira de les vifiter ,
» où pour rétablir le Monaftere
» dans fon premier état , ou pour

H

» leur donner un établissement é-
» ternel avec lui, qui ne sera plus
» sujet aux renversemens qui arri-
» vent sur la terre, & que Dieu per-
» met pour disposer les ames à une
» immobilité perpetuelle, dont el-
» les auront reçu le cômencement,
» par la grace que Dieu leur aura

Tobie c. » faite de demeurer *fermes dans sa*
2. v. 14. » *crainte,* comme l'Ecriture le dit
» de Tobie. Elle avoit dit plus

v. 12. » haut que *Dieu permit que cette*
» *tentation lui arrivât, afin que sa*
» *patience servît d'exemple à la poste-*
» *rité,* comme celle du saint homme
» *Job.* »

✳✳✳✳✳✳✳✳✳✳✳ ✳✳✳✳✳✳✳✳✳✳✳

REFLEXIONS

D E

LA R. M. ANGELIQUE

Sur les avis précédens.

Le 25 JE NE sçais quelle impression
Mars. vous auront fait ces avis. Pour
moi je vous avoue que j'en ai été sur-

prife , & que j'y remarque une
difpofition qui me paroît bien éloignée de l'idée qu'on fe forme d'ordinaire touchant l'obligation qu'ont
tous les Chretiens à la patience.
Il eft à propos de difcerner quel
effet cela produit dans l'efprit , &
fi le cœur embraffe la vérité qui
lui eft découverte. Les autres avis
paroiffent plus faciles à recevoir.
Il n'y paroît qu'une conduite fage
& bien reglée , à laquelle la raifon
ne répugne pas , quoique la raifon
ait peine à s'y rendre : mais cet ar-
ticle va bien plus loin. Il faut mettre à part la raifon, pour comprendre que fi l'on avoit occafion de fe
plaindre des injuftices que l'on fouf-
friroit , & de les faire connoître à
des perfonnes qui entreroient par
compaffion & par bonté dans nos
fentimens , pour condamner la con-
duité injufte dont ceux qui nous
oppriment pourroient ufer envers
nous , on fupprimera toutes ces
plaintes qui pourroient être bien
reçues. On peut dire qu'on a rare-

H ij

ment les occasions d'en faire dan
un état comme celui là , & c'ef
ce qui fait qu'on s'y satisfait da
vantage , & qu'il paroît plus rai-
sonnable de s'en servir ; mais la
privation en est aussi plus utile .
& plus agréable à Dieu.

Pour moi je vous avoue que si
la pensée m'étoit venue de vous
dire les mêmes choses qu'on vient
de lire , j'aurois eu peur que cela
ne parût une vertu inaccessible , &
trop élevée , pour la vouloir exiger des personnes réduites dans
un tel état. Mais cela se trouve é-
crit , & Dieu a voulu que la même
personne qui nous a instruites de
tous les devoirs de la vie religieuse dans un état ordinaire , nous
marquât encore ceux ausquels nous
serions obligées dans des occasions
comme celle-ci. Voyons donc quel
est le principe sur lequel cette regle est appuyée. Il est certain que
si l'on pénétre bien ce que c'est que
la piété chretienne , on verra que
ces avis sont appuyés sur ce fonde-

ment. On ne ſçauroit demander
rien de plus fort , ni de plus élevé
que ce que nous preſcrit l'Evangile & l'exemple de Jeſus - Chriſt.
L'eſprit dans lequel il nous apprend à ſouffrir eſt bien différent
de celui qui animoit autrefois les
Payens à ſouffrir dans quelques occaſions de grandes peines pour s'acquerir de la gloire & ſe faire un
nom. Les perſonnes qui agiſſent
humainement ont quelquefois de
la generoſité ; mais elle eſt fondée
ſur un principe bien contraire à l'eſprit du Chriſtianiſme , & ſes maximes ſont toutes oppoſées. La premiere choſe que l'Eſprit de Dieu
nous inſpire eſt de reconnoître que
nous méritons tous les maux qu'il
nous envoie , & cette vue nous
porte à nous humilier , comme des
perſonnes qui ne ſouffrent que ce
qu'elles ont mérité , & qui ſeroient
indignes qu'on eût compaſſion d'elles , ſi elles oſoient ſe plaindre.
La ſeconde diſpoſition dans laquelle il nous met eſt de nous perſua-

der qu'il nous *aime*, lors même qu'il nous *afflige*, & que ce n'eſt que pour nous donner part à l'héritage qu'il deſtine à ſes enfans : ce qui nous doit donner de la joie, puiſqu'à proportion que nous lui en rendons graces, nous nous aſſurerons la recompenſe. Une perſonne qui eſt dans ce ſentiment ne croit pas trop ſouffrir, puiſqu'elle eſt perſuadée que tous les maux qui lui peuvent arriver lui ſont dûs, & elle ne voudroit point abréger ſes ſouffrances, puiſqu'elle croiroit diminuer ſa couronne.

Quand on eſt bien perſuadé de ce que dit le Prophete ; que Dieu multipliera ſes conſolations ſelon la meſure de nos afflictions, on craint de perdre quelque choſe des biens qui ſont promis, ſi l'on manque à ſouffrir tous les maux par leſquels on doit les acheter. Ce ſeroit en faire bien peu d'état, de ne ſe pas ſoucier de les diminuer. Cependant il faut avouer que quand on eſt dans l'affliction, on eſt ſi frap-

pé du mal , qu'on ſe porte naturel-
lement à chercher de la conſolation , & qu'on croit qu'il y a de la
dureté à la réfuſer. C'eſt pourquoi
il ſe faut détromper , & ne ſe pas
faire le tort à ſoi-même de prendre
de petites conſolations qui nous
feroient perdre les grandes que
Dieu nous deſtine. Quand le Fils
de Dieu au commencement de ſa
Paſſion défendit à S. Pierre de
prendre l'épée pour frapper ceux
qui le venoient arrêter , il ajouta :
Ne puis je pas prier mon Pere , & il
m'envoiera ſur l'heure plus de douze
millions d'Anges ? Pourquoi pen-
ſons-nous que pouvant ſe procurer
à lui même cette conſolation , il
ait voulu s'en priver ? C'eſt qu'il
ſçavoit qu'il y avoit plus d'avantage dans la ſouffrance , que dans les
ſoulagemens humains.

Comprenons donc cette vérité
& ne cherchons point à nous dé-
charger de nos peines par les plaintes que nous en ferons. Il eſt vrai
que cela ſoulage. Mais ſouvenons-

Matth.
c. 26.

v. 53.

nous que quand-même ce feroit à f.
des Anges que nous en parlerions,
il nous feroit plus utile de souffrir
avec Jefus-Chrift. Il me femble
qu'on peut dire au fujet des afflictions, ce que S. Paul dit au fujet
de la réfurrection generale. Il commence par déclarer aux fidéles qu'il
leur va découvrir *un myftere & un*
fecret, qu'il leur eft important de
bien entendre ; & ce myftere c'eft
que nous réffufciterons tous · mais nous
ne ferons pas tous changés. Il eft bon
de confidérer que l'affliction eft
commune à tous les hommes quoiqu'en divers dégrés ; mais enfin
il n'y en a point qui n'ait à fouffrir dans le cours de fa vie en quelque maniere que ce foit. Il eft donc
vrai de dire que tous entrent dans
l'affliction ; mais que tous n'y font
pas changés, & ne s'y perfectionnent pas. On en voit beaucoup qui
n'y gagnent rien, & qui y perdent
même & s'affoibliffent, parce qu'ils
réfiftent à l'ordre de Dieu. L'Ecriture dit que *comme l'or eft éprouvé*
dans

II. Cor.
c. 15. v.
51.

Proverb.
c. 17. v.
3.

dans le creuset, ainsi le Seigneur é-
prouve les cœurs. Mais pour tirer a-
vantage de cette épreuve, il faut
confentir à l'affliction, & la fouf.
frir de bon cœur. Quand l'or eft
dans la fournaife, qui voudroit
diminuer le feu, empêcheroit que
la féparation des métaux étrangers
ne fe fît : & de même ceux qui ne
cherchent qu'à retrancher quelque
chofe de l'affliction, ne fe purifient
pas dans la fouffrance. Sans amour
il eft inutile de fouffrir, comme il
feroit inutile de mettre l'or dans le
creufet, fi le feu n'étoit pas allumé deffous. Il ne faut donc pas s'é-
tonner s'il y a fi peu de perfonnes
qui fe perfectionnent dans l'affliction : car il y en a peu qui comprennent cette belle parole d'un
Pere de l'Eglife ; que « J. C. s'eft
» engraiffe des voluptés de la fouf-
» france. » Pour s'y engraiffer, &
y trouver de la volupté, il faut
fans doute y mettre fa joie & fon
bonheur. C'eft ce que faifoit David, quand il s'écrioit dans la vue

S. Ber-
nard.

I

des maux qu'il avoit à fouffrir :
« Que mon calice qui a la force
« d'enyvrer eft admirable ! *Calix meus inebrians quam præclarus eft!* Il le dit par une exclamation, & comme tout ravi & déja enyvré de ces voluptés faintes dont nous devons tâcher de nous enyvrer auffi, lorfque nous fommes dans la douleur, afin que cela nous éloigne de chercher d'autre adouciffement que celui de penfer que la mefure de nos maux eft celle de notre recompenfe & de notre joie ; mais pour fe bien enyvrer de ce calice qui nous eft prefenté de la main de Dieu même, il le faut accepter tel qu'il le donne. Quelquefois il ne l'emplit pas tout d'un coup ; mais il le verfe peu à peu, jufqu'à ce que la mefure y foit. Toutes les petites occafions de fouffrance ou de contradiction qui nous arrivent, font autant de goutes que Dieu y ajoute, & qui en rempliront enfin la mefure jufqu'à nous enyvrer, fi nous avons foin de les recueillir &

de ne les pas perdre, telles qu'elles puissent être. Nous sçavons que c'est lui-même qui a choisi nos croix; & ce devroit être notre consolation dans nos afflictions, de les regarder comme des effets de sa bonté & de l'application qu'il a à notre salut.

Nous voyons dans le Livre de l'Exode, qu'il ne vouloit point qu'on se présentât à son autel sans lui offrir quelque présent, & il fait défenses si expresses par la bouche de Moyse, de paroître devant lui les mains vuides, que cela nous devroit faire appréhender d'être trouvées en cet état, lorsque nous paroîtrons devant lui à l'heure de la mort. Nous ne sçavons si elle est bien éloignée de nous, & cependant la vie se passe. Nous voyons que, quelques résolutions que nous fassions tous les jours de nous corriger, nous n'avançons guères, & souvent bien loin d'acquitter nos dettes, nous en contractons de nouvelles, qui nous

Exode
c. 34.

v. 20.

I ij

devroient faire craindre la colere
de Dieu , fi nous n'avions fujet de
tout efpérer de fa bonté, en voyant
que lui - même nous met entre les
mains de quoi lui offrir , & nous
donne des occafions favorables de
fatisfaire à fa juftice , & de payer
toutes nos dettes. Que nous refte-
t - il donc autre chofe à faire qu'à
admirer fa bonté , & nous plonger
avec joie dans ce bain falutaire de
la fouffrance , où nous trouveron:
de quoi guérir nos plaies , & laver
nos taches. La croix eft la marque
de l'élection de Dieu , & le fceau
de fa miféricorde : on le voit par
toute la fainte Ecriture. Un Prophete nous affure que la colere de
Dieu ne tombera point fur ceux
qui gémiffent, & qui portent fur
leur front la marque du *Thau*, c'eft-
à - dire de la Croix ; & S. Jean
nous dit dans l'Apocalypfe , que
l'Ange du Seigneur commanda
aux quatre Anges qui avoient reçu
pouvoir d'exercer la colere de Dieu
fur la terre , de ne nuire à perfonne

Ezech.
ch. 9. v.
4 & 6.

ne , jusqu'à ce que les serviteurs
de Dieu fussent marqués sur leur
front ; & cette marque est celle de
la Croix , selon que l'interpretent
les Saints Peres. Mais pourquoi
cette marque est-elle imprimée sur
le front ? C'est pour nous faire entendre que ce n'est pas assez de
souffrir d'une maniere ferme &
honnête ; mais que les ames chretiennes doivent mettre leur gloire
dans la croix , dans l'humiliation
& dans la souffrance. Elles ne doivent point chercher d'être plaintes,
non plus que d'être louées de ce
qu'elles souffrent : mais toute leur
application doit être à recueillir
toutes les petites occasions , aussi-
bien que les grandes , que Dieu
leur envoie , pour lui témoigner
leur amour.

On ne fait jamais bien si on agit
contre sa volonté & par contrainte. Ceux donc qui souffrent malgré eux, qui ne veulent pas se soumettre à l'ordre de Dieu , & qui
ne consentent point à ce qu'il des

I iij

mande d'eux , doivent appréhender que leurs souffrances ne soient
pas dignes de Dieu , qui veut
qu'on se glorifie en souffrant pour
lui , & qu'on se rejouisse de porter
les marques de sa miséricorde &
& de son élection. C'en est une
grande de se trouver persécuté
pour la justice & pour la vérité.
Mais il semble qu'une telle grace
demande que l'on soit dans la joie
& la reconnoissance , & je ne sçais
si ce n'est point la perdre quand on
la reçoit à regret. Il est vrai qu'on
peut dire qu'on ne souffriroit pas ,
si on vouloit se rendre & abandonner la justice , & que la souffrance
même est une preuve de la fidélité avec laquelle on y attaché : mais
je doute si cela suffit pour mettre
en assurance , puisque la crainte
seule ne suffit pas pour assurer notre salut. Il en est des souffrances
comme des bonnes œuvres. Ceux
qui pratiquent le bien , en disant :
Je fais cela de peur d'être damné ,
n'agissent que par la crainte , &

*Matth.
ch. 5. v.
52.*

*II. Cor.
c. 7. v. 4.*

*Jacq. c.
3. v. 2.*

elle ne les justifie pas : mais ceux qui agissent par la charité , pratiquent le bien de peur de déplaire à Dieu , & parce qu'ils mettent leur joie à obéir à ses commande-mens. Si donc nous souffrons par ce principe d'amour & de recon-noissance envers Dieu , nous ne nous contenterons pas de souffrir de peur de nous perdre si nous man-quons de fidélité dans une occasion importante ; mais nous ferons le discernement des avantages que renferme notre état. Nous admi-rerons avec David l'éclat & *la beauté du calice* qui nous doit *eny-vrer* ; nous en recueillerons toutes les goutes , nous appréhenderons d'en perdre quelqu'une par notre faute, & nous ne chercherons point le moyen de sortir de nos peines, jusqu'à ce que ce soit Dieu même qui nous en retire. Je sçais bien que la nature & les sens ne peuvent consentir à y demeurer : mais la foi doit les surmonter en nous : ce n'est pas un mal de sentir des ré-

I iiij

pugnances, mais il faut tâcher de ne les pas fuivre, & de remporter la victoire fur nous-mêmes & fur nos foibleffes.

Je ne fçais fi vous avez remarqué qu'il ne faut pas jouer les perfonnes par des équivoques, & que ce feroit tout perdre. Pourquoi penfez vous qu'il foit néceffaire de nous donner cet avis, c'eft pour nous apprendre que fi Dieu permet que nous nous trouvions réduites en cet état, nous n'y devons pas infulter aux perfonnes qui font au-deffus de nous; mais il faut fouffrir les peines que Dieu leur permettroit de nous faire, de telle forte que nous témoignions que nous voulons boire le calice, tel qu'il nous eft verfé, & que nous refufons de nous procurer à nous-mêmes les confolations humaines, de peur de nous priver des divines. Souvenons-nous que nous ferons parfaites Chretiennes & vraies Religieufes, fi nous embraffons volontairement toutes le fouffrances qu'il plaît à Dieu de nous envoyer, & si bien loin de les fuir, nous voulons de tout notre cœur demeurer attachées à la Croix, & n'en pas descendre sous quelque prétexte que ce puisse être, non plus que Jesus-Christ n'a pas voulu descendre de la sienne, quelqu'offre qu'on lui ait pu faire.

Matth.
c. 27. v.
48.

SUITE DES AVIS

DE LA R. M. AGNE'S

Sur la conduite que l'on doit tenir envers les Supérieures intruses.

» POUr ce qui est de l'obéissan-
» ce, si Dieu permet que des
» personnes étrangeres soient éta-
» blies pour gouverner le Mona-
» stere, encore qu'on ne leur doi-
» ve pas obéir dans les choses qui
» marqueroient expressément qu'-
» on les reconnoîtroit pour Supé-
» rieures, l'on se soumettra à tous
» les ordres qui ne porteroient

» point de conséquence , comme
» d'être en une obeissance ou en
» une autre, & aux ordres qu'elles
» pourroient donner, pourvu qu'ils
» ne dérogeassent point à la Regle
» & aux Constitutions , afin de se
» maintenir dans l'esprit d'obéis-
» sance , dans lequel consiste la
» vie d'une ame religieuse , qui a
» choisi la dépendance dans toutes
» les choses qui demeurent en la li-
» berté des personnes qui ne sont
» point assujetties à ce saint joug
» de l'obéissance. Comme ç'a été
» pour l'amour de Dieu , & pour
Philip. » imiter J. C. *qui s'est rendu obéis-*
c. 2. v. 8. » *sant jusqu'à la mort* , qu'elles ont
» embrassé cette voie étroite , qui
» les oblige à un renoncement per-
» pétuel de leur propre volonté,
» rien ne les doit empêcher de s'y
» exercer , sinon qu'en se soumet-
» tant à des choses à quoi elles ne
» doivent pas se rendre, leur obéis-
Matth. » sance devient aveugle en la ren-
c. 15. v. » dant à d'autres aveugles, qui ne
84. » sont point leurs guides pour les

» conduire à Dieu ; au lieu que les
» Supérieures que Dieu donne
» ſont comme les yeux des perſon-
» nes qui leur ſont commiſes, &
» qui doivent ſuivre leurs lumie-
» res, tandis qu'elles ont ſujet de
» croire qu'elles - mêmes ſuivent
» Dieu, & qu'elles ne leur enſei-
» gnent que ce qu'elles ont appris
» de lui.

» Mais comme il y a pluſieurs
» choſes indifférentes à l'extérieur
» qui ſont auſſi bonnes d'une ma-
» niere que d'une autre, il ne faut
» point perdre l'occaſion d'obéir à
» qui que ce ſoit en ces ſortes de
» choſes dont elles ne pourront ti-
» rer d'autre avantage, ſinon qu'on
» ne veut pas perdre le mérite de
» l'obéiſſance, encore qu'on ne la
» leur doive pas.

» Pour les choſes qui ſont im-
» portantes en elles-mêmes ; ſi el-
» les vouloient faire quelque chan-
» gement dans les obſervances, il
» faudra s'y oppoſer avec ſageſſe
» & diſcrétion, y ayant autant à

» craindre de réſiſter mal à-pro-
» pos, comme de céder quand il
» n'y auroit pas raiſon de le faire.
» Comme il arrive maintenant des
» rencontres, où l'on eſt obligé de
» faire quelque changement con-
» tre la coutume, par le diſcerne-
» ment que font les Supérieurs
» que cela doit être ainſi. Pour ne
» ſe pas donc tromper dans cette
» réſiſtance, ce ne ſera pas les
» Sœurs particulieres, mais celles
» qu'on aura nommées pour être
» le conſeil des autres qui jugeront
» de ce qu'il y aura à faire en tel
» cas. Mais pas une Sœur ne don-
» nera les mains pour introduire
» des curioſités dans le Monaſtere,
» ni même dans l'Egliſe, comme
» de mettre des fleurs ſur l'Au-
» tel, & de faire des ouvrage
» curieux ; mais on continuera à
» s'employer à un travail utile
» ou pour le ſervice de la Com
» munauté, ou pour des perſon
» nes de dehors, afin de contri
» buer par le travail de ſes mains

» faire subsister pour les besoins de
» la vie. L'on s'excusera d'obéir
» en des choses qui tendroient au re-
» lâchement, comme d'aller au par-
» loir pour des personnes qu'on n'a
» pas accoutumé de voir, & même
» pour les Peres spirituels, desquels
» on doit encore plus éviter la con-
» versation que celle des séculiers,
» y ayant apparence que ceux que
» l'on présentera ne seront pas
» pour donner une conduite con-
» forme à celle que l'on a reçu ;
» mais plutôt pour l'improuver &
» pour insinuer des maximes & des
» pratiques spirituelles qui ne se
» terminent qu'à des amusemens ,
» à des industries , & à des efforts
» de son propre esprit qui éloi-
» gnent l'Esprit de Dieu , plutôt
» qu'ils ne l'attirent. L'on ne dira
» point la raison pourquoi l'on veut
» éviter ces communications ; mais
» seulement qu'on desire de de-
» meurer dans la simplicité , &
» qu'une Religieuse n'a besoin que
» de l'Evangile & de sa Regle

» pour être inftruite de tout ce
» qu'elle doit faire. Ce point eft fi
» important, que la fidélité à le
» pratiquer fera la marque que l'ef-
» prit de la Maifon fe conferve
» dans la Communauté ; de même
» que le relâchement en ce point
» donneroit entré à une diverfité
» de fentimens qui feroit capable
» d'introduire la confufion & la
» divifion parmi les Sœurs. Pour
» fe préferver d'un fi grand mal ,
» il faudra pratiquer ce que dit le
» Prophete : *Mon ame a réfufé d'être*
» *confolée, je me fuis fouvenu de Dieu,*
» *& je me fuis rejouï* ; c'eft-à-dire
» qu'il faut appaifer les peines &
» les troubles de fon efprit par le
» fouvenir de Dieu & de la pro-
» meffe qu'il nous fait, qu'il fe-
» ra avec nous dans l'affliction ,
» pour nous délivrer des obfcurcif-
» femens qu'elle peut caufer dans
» l'ame , & qui font diffipés par la
» lumiere que la grace répand dans
» un efprit troublé & agité de di-
» verfes peines , dont il ne veut

» point sortir, plutôt que de s'é-
» loigner de la voie où Dieu l'a
» fait entrer, & qui nous doit
» conduire à la vérité & à la vie;
» au lieu qu'une voie étrangere
» nous conduiroit au mensonge &
» à la mort. Il ne faudra point
» craindre que le réfus que l'on fe-
» ra de ces nouveaux Directeurs
« mette *dans la main de son propre*   Eccl. c.
» *conseil,* puisqu'on voudra bien   15. v. 14.
» prendre conduite de quelqu'une
» de ses Sœurs, & que l'on met-
» tra de plus sa confiance dans la
» promesse qui nous est faite dans
» l'Ecriture, que l'*onction* qui est   1. Jean
» encore plus grande durant l'af-   ch. 2. v.
» fliction, nous apprendra toutes   27.
» choses.

REFLEXIONS
DE
LA R. M. ANGELIQUE
Sur les avis précédens.

Le 17.
Mars.

LA réflexion que nous pouvons faire sur ces avis est de voir qu'ils nous donnent à comprendre, que nous ne serons point assurées d'avoir de la vertu, tant que nous n'aurons point passé par l'épreuve. La sainte Ecriture ne loue pas celui qui n'a point transgressé la Loi ; mais celui qui ayant pu la transgresser n'a pas laissé de l'accomplir. On connoîtra si l'on aime véritablement à obéir, lorsque l'on sera aussi fidelle à rompre sa propre volonté, & à demeurer dans les bornes de l'obéissance, dans ces sortes d'occasions qui semblent permettre de secouer le joug à des personnes qui ne le porteroient que par nécessité. Car si l'on a obéi dans la vue de Dieu lorsque l'on

Ecclef.
c. 31. v.
10.

l'on a eu des Supérieurs remplis
de son Esprit & qui nous condui-
soient selon sa Loi, il faut encore
obéir à la même Loi, quoiqu'elle nous soit déclarée par des personnes dont la conduite & la maniere d'agir n'a rien qui mérite
ce respect, qu'on ne rend pas à
leur autorité, puisqu'elles n'en auroient point ; mais à l'autorité de
Dieu dont elles sont revêtues & à
laquelle nous devons être soumises,
tant que nous l'y reconnoissons,
c'est-à-dire quand elles ne nous demandent rien que conforme à ce
que Dieu nous oblige de faire.
C'est dans ces sortes d'épreuves que
l'on connoît si l'on s'est appuyé *sur*
un bras de chair, & si c'est à Dieu ou
à la créature que l'on a obéi. Car si
l'on a cherché de plaire à Dieu &
de renoncer à soi-même en embras-
sant l'obéissance, on sera dans une
disposition ferme & égale pour le
suivre quelque part qu'il nous con-
duise, en respectant son autorité en
qui que ce soit qui en soit revêtu.

Jerem.
c. 17. v.
5. 1

K

Pour cela il ne faut tendre qu'à lui, & ne se détourner ni à droit ni à gauche, éviter de se laisser aller par une vaine complaisance, ou d'excéder par trop de fermeté, sous prétexte que ces sortes de changemens dans la conduite pourroient servir d'excuse pour se dispenser d'obéir. L'on peut faire beaucoup de fautes dans l'une & l'autre maniere, & on ne les évite que par une grande simplicité de cœur, & par une grande sagesse accompagnée de prudence pour discerner le bien & le mal, afin de choisir l'un, & de rejetter l'autre : c'est ce qui est marqué dans l'Ecriture où il est dit du Fils Dieu qui est le chef des élus ; *Isaïe c. 7. v. 15.* qu'il sçaura *choisir le bien & reprouver*, c'est-à-dire fuir *le mal.* Sans cela une vertu foible & naissante ne subsiste point, & on succombe à la premiere tentation, on s'y laisse tromper, & on prend les ténebres pour la lumiere. L'obéissance chretienne est éclairée ; elle nous porte à obéir à Dieu lorsque nous

obéissons aux hommes, & à regarder l'homme comme nous tenant la
place de Dieu. Elle nous apprend à
discerner la voix de notre Pasteur* Jean ch.
& à l'écouter, de qui que ce soit 10.
qu'il se serve pour nous la faire entendre ; mais de telle sorte que s'il
cesse de parler, & que l'on tienne
un autre langage que le sien en demandant des choses contraires à sa
Loi, les brebis qui ne connoissent
que la voix du Pasteur n'écoute-
ront point un langage étranger,
& auront autant de fermeté pour
résister aux caresses & aux menaces que l'on emploieroit pour les
perdre, qu'elles ont eu de docilité
pour se soumettre & se laisser conduire dans toutes les choses où elles pouvoient obéir à Dieu en se sou-
mettant aux hommes. Pour se bien
conduire dans de telles occasions
& ne se pas méprendre dans le discernement que l'on fait des choses
sur lesquelles on doit avoir de la
fermeté & de celles où il est utile
d'obéir & de se rendre, il faut ai-

K ij

mer véritablement l'obéissance ; chercher à se renoncer soi-même, avoir une grande pureté de cœur, & se dégager de toute attache humaine, soit à ceux qui nous ont conduites, soit à nous-mêmes, soit à notre Maison. Car il faut sçavoir que toute attache souille le cœur, le partage & l'empêche d'être parfaitement à Dieu qui en veut être le seul roi. Rien ne nous est plus important que de voir si notre cœur ne tient point encore à quelque chose qui l'empêche de se porter vers Dieu, s'il s'attache aux vertus par un amour solide : car si cela est, notre maison sera bâtie sur la pierre, & notre ame sera affermie dans la pratique de la vertu. Les personnes qui n'aiment pas l'obéissance se croient en sureté & bien dispensées d'obéir, lorsqu'elles ne sont plus dans la dépendance de leurs Superieurs légitimes ; mais celles qui veulent imiter le Fils de Dieu qui a été pour nous *obéissant jusqu'à la mort & à la mort de*

Matth. ch. 7. v. 24.

Philip. c. 2. v. 8.

la croix, ne mettant point d'autre terme à leur obéiſſance, que celui de la fin de leur vie, & ne cherchant point d'autres bornes que celles de la Loi de Dieu, elles voient toujours la même lumiere, qui eſt Jeſus-Chriſt, qu'elles ont choiſi pour leur Paſteur & pour leur Roi; elles le ſuivent en tout tems, & elles ſçavent que ſi les ténebres de la nuit deviennent plus épaiſſes pour elles, la colomne qui les éclaire aura auſſi plus de lumiere. La même colomne qui paroiſſoit aux Iſraélites comme une nuée durant le jour devenoit ardente & pleine de lumiere durant la nuit. Les perſonnes unies à Jeſus - Chriſt ne ſçauroient jamais manquer de lumiere & de conduite, car il répand ſur elles une lumiere intérieure qui ſe communique avec d'autant plus d'abondance, qu'elles ſont d'avantage privées des ſecours extérieurs par leſquels il avoit accoutumé de leur faire connoître ſes volontés.

Exode
c. 13. v.
21.

Ce qui eſt marqué dans cet ar-
ticle au ſujét des Directeurs, eſt
d'une grande importance. Il faut
prendre garde de ne s'y pas méprendre, & de ne le pas laiſſer gagner à une apparence de bonne volonté & de compaſſion, qui nous
paroîtroit être dans ces perſonnes.
Cet avis eſt ſi important, que faute de le bien obſerver, une Communauté ſe peut ruiner elle-même.
On ne voit que trop où le déſor-
dre s'eſt introduit, parce que les
filles ont voulu chercher des conſolations humaines dans des perſonnes que Dieu ne leur donnoit
pas pour les conduire. Ce n'eſt pas
ainſi qu'il en faut uſer lorſque Dieu
nous afflige. Il faut craindre de
diminuer le poids de nos afflictions,
de peur de diminuer celui de la
gloire qui en doit être la récompenſe. Il faut ſe ſouvenir que Dieu
nous l'a promiſe, ſi nous ſommes
fidelles, & appréhender de perdre
notre tréſor, que l'ennemi tâche
de nous ravir en nous faiſant cher-

cher de l'adouciffement à nos peines. Tâchons donc de le conferver.
Les hommes ne nous le fçauroient
ravir, fi nous avons foin de le garder en craignant de perdre ce qui
nous le doit augmenter. Souffrons
toutes les peines qu'il plaira à Dieu
de nous envoyer ; & s'il nous retire fes confolations, n'en cherchons point d'autres, & fouvenons-
nous qu'il eft écrit que c'eft ici le
tems de la patience des Saints.
Depuis qu'on fe laiffe aller à chercher de la confolation & de la douceur dans les créatures, on ferme
la porte au S. Efprit, & on fe prive de fon fecours & de fa grace,
qui ne nous manqueroit pas, fi
nous avions un peu de patience
pour l'attendre. On s'en prive,
parce qu'on manque de foi, & que
ceffant d'efpérer en Dieu, on fe
défie de fes promeffes, & on tombe dans l'abattement. Depuis qu'on
eft arrivé à croire qu'on fuccom-
bera, on fuccombe effectivement,
& les moyens dont on fe fert pour

Apoc. c.
13. v. 10.
c. 14. v.
12.

chercher du foutien dans les créatures ne font qu'affoiblir davantage. Si l'on fe fent affoiblir en de telles occafions, ce n'eft pas aux hommes, mais à Dieu qu'il faut expofer fa foibleffe : il faut lui demander la force que lui feul nous peut dôner, & le prier qu'il nous accorde la grace qu'il fit à une grande fainte, dont il eft dit que « le S. Ef- » prit lui donna un fi grand poids, » qu'elle demeura immobile contre » tous les efforts de fes ennemis. »

Pf. 17. L'affliction n'ébranle point une perfonne qui eft ferme dans cette opinion, que Dieu eft toute fa force, & qu'elle trouvera en lui tout ce qu'elle perd dans les créatures.

Ce feroit fe tromper que de vouloir chercher quelque confolation dans des Directeurs étrangers, fous prétexte de ne prendre dans la converfation de ces perfonnes que ce qui pourroit être propre à nous foutenir. Car ce feroit un moyen de nous perdre à ceux qui ne chercheroient peut-être qu'une

occafion

occasion comme celle-là , pour s'insinuer dans les esprits & y jetter le
poison , mêlé de l'apparence d'une
bonne volonté pour nous servir.
Apprenons donc que les Vierges
consacrées à Jesus - Christ ne doivent recevoir de consolation que
de lui seul. On ne nous demande
rien d'extraordinaire & de trop
fort , quand on nous oblige à nous
adresser à lui dans tous nos besoins.
S. Ambroise dit que « nous trou-
» vons tout en Jesus-Christ » : &
c'est l'avantage particulier que donne aux Vierges chretiennes l'u-
nion qu'elles contractent avec lui.
Si nous sommes blessées, il est notre
Médecin : au lieu donc de nous a-
dresser à un Médecin de la terre
qui ne feroit qu'envenimer nos
plaies , allons à ce Médecin tout-
puissant , découvrons-lui nos bles-
sures , exposons notre ame à sa grace. Nous sçavons qu'il est le *souve-*
rain Prétre. Contentons-nous du
conseil qu'il nous donnera. Prenons le remede que sa parole divi-

L

Hebr.
ch. 4. v.
14.

ne nous propose, & souvenons-
Pf. 106. nous qu'il est écrit qu'elle guérit
ceux qui sont blessés. Si l'agita-
tion intérieure réduit notre ame
Pf. 62. dans l'état dont parle le Prophete,
& qu'elle se trouve dans une terre
seche & sans eau, souvenons nous
Jerem. c. qu'il est seul la source d'eau vive,
2. v. 13. & que lui seul peut désaltérer
notre ame, parce qu'elle n'est créée
que pour lui. Présentons-nous à
lui en cet état, & attendons qu'il
lui plaise faire couler sur nous la
grace de sa consolation. Il est dangereux de chercher du secours ailleurs. C'est ainsi que l'on s'égare,
& cela vient de ce que se trouvant
d'une part pressé par l'injustice & la
persécution des hommes, on n'a pas
de l'autre la consolation intérieure.
On ne sent pas de ferveur. On a peine même à continuer les exercices de
la piété, & que faut-il faire alors ?
Rien n'est plus dangereux que d'attendre des hommes son soutien & sa
consolation. C'est en Dieu seul que
nous la trouverons, & il ne nous
refusera pas si nous nous adressons

à lui avec foi & avec confiance. Si
la vue des maux que nous avons à
souffrir nous effraie , pensons qu'il
a été lui - même affligé le premier
pour nous. Si le poids des croix
que nous avons à soutenir nous paroît insupportable , pensons que
lui - même le portera en nous &
dans nous. On ne nous dit point
que nous ne ferons point affligées.
Il est bon de s'y attendre , & de
prévoir que dans un état d'exil &
de séparation ce poids se rendroit
même plus sensible.

Quand on se trouve seule dans
une maison étrangere , privée de
tout secours , si on venoit à repaf-
fer dans son esprit ce qui pourroit
avoir donné occasion à beaucoup
de choses que l'on souffriroit, cette
pensée feroit un poids qui jetteroit
dans la pusillanimité & la défiance,
& qui porteroit peut - être à desirer
de recevoir par l'entremise des perfonnes étrangeres ce qu'on n'atten-
droit pas de Dieu , & qu'on ne
pourroit plus trouver ailleurs.

L ij

Nous en parlons par expérience*.
Il eſt certain que nous avons reconnu qu'une des tentations qui a
le plus ébranlé celles qui ſont tombées dans le tems de la perſécution
paſſée a été celle-là. Des perſonnes
qui ſe trouvoient déſoccupées de
tout , s'étant trop attachées à ne
conſidérer que les fautes & les imperfections de leur vie paſſée, ſans
s'adreſſer à J. C. qui pouvoit par
ſa grace y apporter du remede , ſe
ſont laiſſées accabler par cette vue
qui les a enfin jettés dans la défiance , & leur a perſuadé qu'elles
n'avoient pas aſſez de preuves que
Dieu étoit en elles , pour perſévé-
rer dans l'état où lui - même les a-
voit engagées , & ainſi elles ont
voulu chercher du conſeil & de la
lumiere ailleurs , & conſulter d'autres perſonnes à la place de celles
que Dieu leur avoit ôté pour leur
tenir lui même lieu de toutes choſes. Cette dangereuſe tentation
peut renverſer pluſieurs ames ,

* Voyez la Relation de ſa captivité.

quand on s'y laiſſe aller. Pour y remédier, il faut regarder Jeſus-Chriſt comme *notre juſtice* ; avoir recours à ſa bonté, pour trouver en lui ce que nous n'avons point de nous-mêmes, & pour ne nous point appuyer ſur notre force, puiſque nous n'en avons point, & que nous ne ſommes que miſere & imperfection ; mais ſur ſa grace, qui rend puiſſans les plus foibles, quand ils ne s'appuient que ſur lui. Pourvu que nous ſoyons fermes dans ſon amour, & en la puiſſance de ſa grace, nous ferons inébranlables, à proportion que nous nous fortifierons dans la confiance que nous avons en ſa miſéricorde. Si nous craignons la mort, ſouvenons-nous que J. C. eſt notre vie. Le plus grand malheur qui nous pourroit arriver feroit de la chercher en d'autres qu'en lui, qui peut même nous reſſuſciter & nous retirer du tombeau. Nous n'avons jamais plus de ſujet d'eſpérer, que lorſqu'il eſt avec nous comme nous

I. Cor.
ch. 1. v.
30.

Philip.
ch. 1. v.
21.

Jean c.
11. v. 25.

L iij

fçavons qu'il nous le promet pour le tems de l'affliction ; & fi nous marchions même au milieu des ombres de la mort, nous n'aurions pas fujet de craindre, puifque fa préfence les diffiperoit. Ce que nous devons apréhender eft de nous décourager, & de nous laffer de le fuivre : car on s'affoiblit dès que l'on manque de courage. Si l'on n'a pas foin de confoler fon ame , elle peut tomber dans un état dangereux. C'eft pourquoi il faut l'entretenir de penfées de paix & de confolation , & fe dire à foi-même ce que l'on diroit à d'autres que l'on verroit en l'état où l'on fe trouve. Si nous craignons les ténebres, J. C. eft notre lumiere. Il peut arriver que l'on fe trouve embarraffé , & dans l'ignorance de ce que l'on auroit à faire ou à dire ; mais il ne faut pas s'imaginer pour cela que notre lumiere eft éteinte. Il faut avoir recours à J. C. lui demander avec ardeur qu'il nous envoie fa lumiere & fa vérité pour nous con-

duire , & le promettre avec foi
qu'il ne nous refuſera pas , & que
ce fera dans le tems de notre befoin que lui - même parlera pour
nous. Ce n'eſt pas fans fujet qu'il
nous a défendu de prévoir ce que
nous avions à dire , lorfque nous
ferions contraints de comparoître
devant les Juges & les Princes du
monde. Il ne nous abandonne pas,
lorfqu'il nous fait fentir & reconnoître que nous n'avons point de
nous-mêmes ce qu'il faudroit pour
nous défendre , & foutenir notre
caufe fans fa protection : mais il
veut que ce foit l'ouvrage de la foi
& de la priere qui nous attire ce
fecours , & non l'effet de nos prévoyances & de notre induftrie.
N'ayons donc de confiance qu'en fa
bonté. Attendons tout de fon Efprit
faint, & ne difons pas : Je fuis fans
lumiere & fans efprit. Je me trou-
verai feule , & je ne fçaurai côment
répondre à tout ce que l'on me dira. Ne nous mettons point en peine de ce que nous dirons : ayons

Matth.
ch. 10. v.
19.

L iiij

foin feulement de nous mettre en
état de pouvoir obtenir que ce foit
lui qui parle en nous , & fçachons
qu'il eft digne de Dieu de proté-
ger & de défendre ceux qui n'attendent du fecours que de fa bonté.

Nous ne pourrions pas avoir la
même affurance , fi c'étoit nous qui
nous fuffions engagées dans un état
au-deffus de notre portée : mais fi
c'eft lui qui nous y met , il ne manquera pas de nous y foutenir , &
affurément nous demeurerons fermes, quoi qu'il nous puiffe arriver.
Si nous manquons de force , Jefus-
Chrift fera lui - même notre force.
Nous ne nous effrayons dans les
grandes occafions qui femblent être
au-deffus de nos forces , que parce
que nous ne fommes pas affez perfuadées que nous ne fommes que
foibleffe , & que nous ne pouvons
non plus réfifter aux moindres combats qu'aux plus grands. Notre
force n'en eft que plus affurée pour
être entre les mains de Dieu ; &
c'eft ce qui nous devroit mettre

dans une profonde paix , puifque nous avons fujet de tout efpérer de fa bonté fi nous voulons être fidéles à fon amour.

On agit humainement , quand on ne fent pas ce befoin continuel où l'on eft de la grace de Dieu, & que l'on ne penfe à la demander , que lorfqu'on fe trouve en des occafions difficiles qui furpaffent les forces de la nature. Car quelqu'elles puiffent être , nous avons befoin de la grace pour nous y conduire faintement & *d'une maniere digne de Dieu.* Sans fon affiftance nous ne faifons rien. Si nous marchons dans le defert , nous ne devons pas appréhender d'y mourir de faim, pourvu que ce foit lui qui nous y ait conduites. La manne ne nous manquera pas dans nos néceffités , & elle aura pour nous la force & le goût de toutes les viandes que nous pourrions fouhaiter , c'eft-à-dire , que la grace de Dieu nous tiendra la place de tout ce que nous aurons perdu

Coloff. ch. 1. v. 10.

Sageffe c. 16. v. 25.

v. Jean
ch. 2. v.
27.

Pf. 22.

Jerem.
c. 17. v.
8.

Pf. 1.

pour l'amour de lui. Son onction sainte nous inſtruira de notre devoir, & nous ne nous égarerons jamais en le ſuivant comme notre Paſteur. Il n'eſt point néceſſaire de ſçavoir quelle ſera notre fin, ni par où il nous conduira. Il ſuffit que nous ſoyons aſſurées qu'il ne nous ſçauroit arriver du mal tant que nous ſerons entre ſes mains, & que nous ne ſçaurions périr ſous ſa conduite. Ne craignons donc rien que de nous en éloigner, & de le quitter. On nous liſoit hier, qu'un homme qui ſe confie en Dieu eſt un arbre planté ſur le bord des eaux, qui ſera arroſé en tout tems. Un homme qui ſe confie en Dieu ne craint rien, parce qu'il ſçait que rien ne lui ſçauroit nuire. Il a toutes ſes racines en Jeſus-Chriſt. Il eſt continuellement arroſé de ſa grace & de ſa protection. S'il ſe trouve des tems de ſéchereſſe & d'afflictions, qui abattroient les autres, de même que les plantes ſe deſſechent dans le tems où la

terre est aride, il ne se renversera
pas néanmoins, parce que méditant incessamment sur la Loi de
Dieu, il y trouvera toujours de
quoi nourrir son ame, & la désaltérer, si ce n'est par les pluies dou-
ces de la consolation, ce sera au
moins par les eaux coulantes de
l'affliction & de l'humiliation.
Mais pour ce qui est des ames que
la main du Pere n'a pas plantées,
elles sont renversées par la tempête de la persécution. Cette parole
est terrible quand on lit dans l'E-
vangile que J. C. dit que tout ce
que son Pere céleste n'a pas planté
sera arraché : il n'y a personne qui
ne doive trembler, mais non pas
se décourager.

 Une des tentations qui affoiblit
davantage, est de considérer les
personnes qui sont tombées ; mais
cette vue n'affoiblit que les personnes qui manquent à s'humilier
dans la chute des autres. Car pour
celles qui tremblent pour elles-
mêmes en voyant tomber les au-

tres, elles deviennent d'autant plus
fermes qu'elles font plus humbles.
Elles apprennent à éviter le mal
qu'elles voient dans les autres. Elles fçavent qu'elles ont en elles la
fource de la même foiblesse. Mais
à proportion qu'elles se défient d'elles - mêmes , elles redoublent leur
confiance en Dieu , & elles attirent fa protection , puifqu'*il résiste
aux superbes , & qu'il donne sa grace
aux humbles.* Nous devons efpérer
de l'obtenir , fi nous nous humilions véritablement & fincérement.
Et pour nous préparer aux maux
qu'on nous prépare , il eft bon de
les confidérer ; mais de voir en
même - tems que pas un ne nous
fçauroit nuire , fi nous demeurons
fous la protection du Dieu du ciel,
comme l'Eglife le chante tous les
jours dans le Pfeaume dont elle a
tiré les verfets de fon Office en ce
faint tems. Les lions, les dragons,
les ferpens & les monftres , non
plus que les flêches & la malice des
hommes , ne fçauroient ébranler

Notes marginales : Prov. c. 3. v. 34. Jacq. c. 4. v. 6. — Pf. 90.

une personne qui a cherché un refuge si haut & si inébranlable. Demeurons donc fermes dans sa protection , & soyons assurées que les
maux n'approcheront seulement
pas de nous , c'est-à-dire qu'ils ne
donneront aucune atteinte à une
ame dont l'humble confiance est
appuyée sur Dieu même.

SUITE DES AVIS

DE LA R. M. AGNE'S.

Sermons.

» L'O n assistera aux Sermons
» qui se feront , encore que ce
» soit par des personnes qui nous
» fussent suspectes. On ne témoi-
» gnera rien , sinon en cas que l'on
» dît des choses contraires à la Vé-
» rité, & qui diffameroient les per-
» sonnes qui la défendent ; auquel
» cas , on n'iroit plus écouter cette
» même personne qui ne prêcheroit

» pas la parole Dieu ; mais plutôt
» des médifances , & des injures
» contre fes Serviteurs.

» Pour des Conférences où l'on
» inftruit de l'oraifon par métho-
» de , à faire des actes , & à dref-
» fer fon intention , qui eft le but
» de tout ce que l'on enfeigne à
» préfent , on s'y trouvera comme
» aux fermons , fans témoigner de
» mépris de ces fortes d'inftruc-
» tions , encore qu'elles paroiffent
» fort humaines ; néanmoins elles
» ne doivent pas être négligées , y
» ayant autant de péril de ne faire
» aucun effort pour tâcher d'arrêter
» la mobilité de l'efprit, comme il y
» en auroit de le fatisfaire de ce que
» l'on a eu une grande application
» au fujet que l'on a pris pour s'en-
» tretenir dans la priere par une
» voie qu'on peut dire être elle-
» même une diftraction , puifqu'on
» ne peut appeller une véritable
» priere que ce qui eft infpiré du
» Saint Efprit ; néanmoins hors
» cet inconvenient , d'eftimer une

» bonne oraifon ce que l'on fait
» foi-même pour fe procurer de
» l'attention , on ne doit pas laif-
» fer de fe fervir de quelques pen-
» fées & de quelques invocations
» de Dieu, de quoi l'on tâche de
» fe fouvenir , & de s'occuper.
» C'eft pourquoi ce feroit une té-
» mérité de blâmer ceux qui s'en
» fervent, puifqu'ils en peuvent
» tirer du profit felon leur inten-
» tion, & leur difpofition , tou-
» tes chofes étant pures à ceux qui
» font purs.

Tit. ch. 11. v. 15.

» Si l'on vouloit établir de fai-
» re des retraites de dix jours , on
» acceptera bien d'être féparées
» pendant ce tems-là, excepté d'al-
» ler à l'Office , où l'on affiftera
» toujours ; mais l'on ne rendra
» point compte de ce que l'on fait
» à l'oraifon. L'on ne fera point de
» pénitences extraordinaires pen-
» dant la retraite, fi ce n'eft pour
» quelques raifons particulieres. Il
» faut conferver les forces de fon
» corps pour porter l'affliction où

» l'on est , & toutes les incommo-
» dités qui la doivent suivre : ce
» qui sera une pénitence plus péni-
» ble & plus agréable à Dieu que
» celles que l'on pourroit choisir vo-
» lontairement. Comme ces souf-
» frances extérieures seront accom-
» pagnées d'une mortification en
» toutes choses , n'ayant ni liber-
» té , ni consolation d'aucune part,
» l'on offrira à Dieu son corps &
» son ame comme une hostie vi-
» vante qui lui sera sacrifiée à tou-
» te heure par le renoncement de
» soi & de ses satisfactions qu'on
» ne trouvera nulle part , étant
» privées de tout, en ne voyant &
» n'entendant plus que des choses
» qui seront un sujet de douleur ,
» parce qu'elles ne seront pas ni
» selon Dieu , ni selon les inclina-
» tions légitimes qu'il permet d'a-
» voir de vivre dans la paix en trou-
» vant du secours , & non des em-
» pêchemens pour le servir dans la
» paix & dans la justice. Il faut
» croire qu'une vie traversée comme

» me celle là , nous conduira plus
» furement à Dieu. qu'une autre
» plus douce dans laquelle on a plus
» de facilité par la tranquillité d'ef-
» prit où l'on fe trouve de s'avan-
» cer dans la vertu : ce qui n'arrive
» pas toujours néanmoins par notre
» mifere qui convertit un faint
» repos en une oifiveté que Dieu
» condamne , & qui l'oblige de
» retirer ces fortes de graces qu'on
» a reçu en vain , pour en donner
» d'autres qui auront leur effet par
» la patience qui eft une œuvre
» parfaite , parce que la nature ne
» s'y mêle point. Il faudra donc
» appliquer à un tems fi rude , les
» paroles dont l'Eglife fe fert pour
» exciter à la pénitence du Ca-
» réme : *Voici maintenant le tems fa-*   II. Cor.
» *vorable , voici maintenant les jours*   c. 6. v. 2.
» *de falut* ; & le refte des paroles
» de S. Paul dans ce Chapitre ;
» qu'il ne faut donner à perfonne
» aucun fujet de fcandale ; mais fe
» faire paroître en toutes chofes
» comme fervantes de Dieu *par*

M

» *une grande patience, & par les ar-*
» *mes de justice de la puissance de*
» *Dieu,* que le même Apôtre ap-
» pelle en un autre endroit *des ar-*
» *mes de lumiere,* qui font connoître
» l'avantage qui y a d'être plutôt
» dans le combat que dans une paix
» qui ramollit l'esprit, & qui fait
» chercher une voie plus large que
» celle de l'Evangile, c'est-à-
„ dire que celle que Jesus-Christ
„ même nous a tracée, n'ayant eu
„ durant toute sa vie que des en-
„ nemis & des calomniateurs ; au
„ lieu qu'on ne voudroit trouver
„ que des bienfaiteurs & des amis:
„ ce qui arrivera en un autre fens ;
„ puisque Jesus-Christ qui vaut
„ infiniment plus que toutes les
„ créatures, aime ceux qui font haïs
„ du monde, & les remplis de fes
„ véritables biens. Ce fera encore
„ dans ce tems de desolation, qu'é-
„ tant privées de toutes les satisfac-
„ tions extérieures qui amusent l'ef-
„ prit, l'on trouvera dans la sainte
„ Communion, dont la foi qui fera

Rom. c. 13. v. 12.

,, plus pure fera concevoir le prix
,, inestimable, cent fois plus que ce
,, que l'on aura quitté pour Dieu,
,, en acceptant volontairement
,, d'en être dépouillées, non pas
,, qu'il faille se promettre des con-
,, solations sensibles, mais un sou-
,, tien, & un renouvellement de
,, vie & de forces, qui fera subsister
,, dans la plus grande défaillance.

REFLEXIONS

DE

LA R. M. ANGELIQUE

Sur les avis précédens.

IL EST bon d'avoir dans le cœur ce que l'on vient de lire pour se fortifier contre les peines & les tentations qui arrivent même aux justes dans des occasions semblables à celles qui nous menacent. Si nous étions revêtues des armes de la justice, nous ne succomberions pas dans les plus fortes

Le 3 Avril.

II. Cor. c. 6. v. 7.

M ij

épreuves, nous regarderions les grandes afflictions côme une grande juſtice, & nous les recevrions en reconnoiſſant que Dieu eſt juſte, & que tous ſes jugemens ſont équitables ; & cette diſpoſition nous juſtifieroit nous-mêmes, & attireroit ſur nous ſa miſéricorde. Nous croirions que c'en eſt un pour nous de ce qu'il nous châtie & nous purifie par l'affliction ; & pour en bien uſer, nous ne chercherions point d'autres exemples que celui de Jeſus-Chriſt qui eſt le modele de tous les prédeſtinés, auſſi bien que de tous les affligés. Il eſt vrai qu'il ne pouvoit ſouffrir en qualité de coupable, puiſqu'il étoit innocent, & l'innocence même ; mais nous voyons que pour nous apprendre à ſouffrir nous autres qui ſommes coupables, & qui ne pouvons prendre d'autres qualités en ſa préſence, il a voulu ſe mettre au rang des criminels, & ſe charger de nos péches, afin qu'il pût y ſatisfaire & en porter la peine comme ſi lui-

même les avoir commis. C'est une
vérité qui est établie par toute l'E-
criture. Jesus-Christ est venu au
monde pour nous combler de biens
en même-tems qu'il s'est revêtu de
toutes nos miseres & de tous nos
péchés. Hâtons-nous donc de nous
approcher de lui pour avoir part à
sa miséricorde. L'Eglise nous propose en ce jour deux personnes qui
l'ont reçu, quoique ce ne soit pas
d'une même maniere. Dans l'Epître elle nous répréfente Susanne qui
est accusée comme coupable, quoiqu'elle fût innocente : & dans l'E-
vangile, elle nous propose au contraire une femme convaincue de crime qui n'est pas condamnée; l'une &
l'autre néanmoins reçoivent la plus
grande miséricorde qu'elles pussent
obtenir ; & il en faut demeurer
d'accord, soit que l'on considere
celle qui est criminelle, & qui n'a
point reçu sa condamnation après
avoir été accusée, ou que l'on regarde l'innocente que l'on mene
au supplice après l'avoir condam-

Hebr. c̄
4. v. 14.

Daniel
ch. 13.

Jean ch̄
8.

née injuſtement. La raiſon de cela
eſt qu'une perſonne coupable ne
peut rien recevoir de plus grand
que le pardon. Mais pour les grands
juſtes, Dieu qui leur prépare une
plus grande gloire, leur prépare
auſſi de plus grandes ſouffrances,
& veut qu'ils travaillent davantage pour obtenir de plus illuſtres
couronnes. Ce ſeroit une témérité
d'y prétendre, & de ne vouloir pas
être expoſé à des choſes qui font le
diſcernement & la marque particuliere des Saints & des Elûs d'a-
vec les Réprouvés. Joſeph étoit
plus juſte que tous ſes freres, & la
conduite de Dieu envers lui a été
plus dure & plus ſévere qu'à l'é-
Geneſ. gard d'eux tous. Il a permis que
c. 39. ſon innocence ait été calomniée,
& qu'on l'ait puni enſuite comme
s'il avoit été coupable des plus
grands crimes. Il ſeroit inutile d'en
rapporter d'autres exemples, puiſque la ſainte Ecriture en donne
Hebr. c. des preuves, & nous aſſure que
12. v. 6. *Dieu châtie ceux qu'il aime,* & qu'il

traite plus féverement ceux qu'il
veut élever à une plus grande fainteté. Je fçais bien que nous ne devons pas avoir cette préfomption
de nous - mêmes ; mais il faut que
nous comprenions que fi les juftes
font condamnés , & s'il eft néceffaire pour les purifier qu'ils paflent
par des fouffrances fi extrêmes, les
coupables ne doivent pas s'étonner
d'être punis , & doivent regarder
même comme une miféricorde de
ce que Dieu ne differe pas de les
châtier en l'autre monde , où fa juftice terrible punira les crimes que
la pénitence n'aura point lavés en
cette vie. Sufanne ne s'adreffe qu'à
Dieu dans fon affliction, elle ne
prend que lui pour juge de fon innocence ; c'eft à lui feul qu'elle
parle , c'eft de lui feul qu'elle attend du fecours.

La vrai juftice n'eft point fépa-
rée de la charité. Si nous fommes
juftes & innocentes , nous aimons
celui qui eft non-feulement l'Auteur de notre juftice , mais qui eft

Apocal;
ch. 3. v.
19.

la juſtice même, & on connoîtra que nous l'aimons, ſi nous regardons tout ce qui vient de ſa main comme des effets de ſon amour & de ſa miſericorde. Ce ſera une autre marque, ſi tout ce que nous ſouffrons, nous fait avancer & profiter dans la vertu. On nous vient de lire que ſi nous nous trouvons engagées à entendre prêcher des perſonnes qui loin de nous conſoler & nous inſtruire, nous diroient des choſes pénibles à ſupporter, il le faudroit endurer ; c'eſt parce qu'il ne faut rien refuſer de tout ce qui fait partie de notre pénitence, & du calice que Dieu nous a préparé. Les inſultes & les injures qu'on nous feroit peuvent être néceſſaires pour en combler la meſure. Il ne faut donc pas refuſer de les ſouffrir ; mais il faut eſpérer que Dieu nous glorifiera au jour de ſa manifeſtation, & nous rendra le centuple de ce que nous aurons ſouffert pour l'amour de lui. Quand aux choſes que l'on nous diroit qui tendroient

Matth. c. 19. v. 29.

tendroient à prescrire d'autres usa-
ges pour la conduite, il faudroit
prendre garde à ne se pas laisser
séduire. Il faudroit profiter de ce
qu'il y auroit de bon, & se séparer de ce qui pourroit nuire. Pour
ce qui est de faire oraison mentale
par méthode, comme cela se pratique en plusieurs Couvents, il
est certain que ce qui nous a été
prescrit étant bon, nous devons.
nous y tenir. Il faut néanmoins
sur cela faire une réflexion importante, qui est, que quand on a
compris que les efforts humains,
& les actes qui se font dans l'imagination ne forment pas la véritable
priere, il y a sujet de craindre
qu'on ne se donne la liberté, sous ce
prétexte, de se dispenser de l'attention & de la préparation que l'on
doit apporter à l'oraison, & qu'on
ne se laisse aller à la négligence qui
seroit cause que l'on ne prieroit
point du tout. On ne satisfera jamais bien à ce devoir si saint & si
nécessaire qu'on n'ait eu soin de s'y

N

préparer auparavant, non point en arrangeant des points dans son esprit ; mais en purifiant son cœur par l'affection & la méditation des choses saintes, & en le nourrissant de la parole de Dieu. Il est vrai que la priere est un don de Dieu, & quand on y va, il ne faut pas mettre sa confiance dans son travail ; mais néanmoins il se faut souvenir qu'il nous a été dit ; que nous mangerons notre pain à la sueur de notre visage, & que Dieu veut que nous labourions, & que nous préparions la terre de notre cœur, avant qu'il y jette le don de sa semence. Il veut que nous ayons soin de recueillir notre esprit pour l'empêcher de se dissiper, & que nous soyons attentifs à appercevoir s'il lui plaît de nous regarder par sa bonté. Dieu regarde sans cesse les hommes, mais ses regards sont bien différens sur eux. Il a des regards de justice, il en a de miséricorde. Que verra t-il en nous s'il n'y a qu'une négligence & une in-

Genes.
ch. 3. v.
29.

Ps. 10.

senfibilité qui attire sa colere & son
indignation ? Au contraire s'il nous
trouve préparées à recevoir sa grace par une humble reconnoiffance
de notre mifere, & par le foin que
nous aurons de travailler pour accomplir ses commandemens, il aura pitié de nous, & fera en nous
ce que nous ne fçaurions faire de
nous - mêmes. Voilà l'ufage qu'il
faut faire des inftructions qu'on
nous a donné fur la priere. Nous
ne devons pas avoir du mépris pour
les perfonnes qui ont beaucoup de
méthodes pour faire l'oraifon; mais
il faut que nous réduifions toutes
ces pratiques à une feule, qui eft
de préparer notre ame à la priere,
felon le précepte de l'Ecriture, que
nous ayons plus de foin de nous y
difpofer, que fi nous allions faire
une oraifon bien arrangée, & qu'en
même - tems que nous éviterons
de tomber dans l'illufion de ces
perfonnes qui croient avoir bien
prié lorfqu'elles ont beaucoup tra-
vaillé à former des penfées & des

N ij

Eccli. c. 18, v. 23.

réfolutions qui procédent plus de l'efprit que du cœur, nous ne nous difpenfions pas d'affujettir notre efprit à ces fortes de contraintes pour éviter la peine , mais feulement pour fuir l'illufion où l'on tombe lorfque l'on prétend faire par un effort de l'efprit humain ce qui doit venir du don & de la préfence de l'Efprit de Dieu, qui doit former en nous nos prieres pour les rendre dignes d'être exaucées. Je crains que nous ne manquions en ce point , & que nous n'apportions pas affez de préparation à la priere.

Nous reffemblions à ceux que la fainte Ecriture accufe de tenter Dieu , fi d'abord que la cloche frappe notre oreille pour nous appeller à venir paroître devant Dieu, notre cœur n'eft pas frappé d'un mouvement d'amour pour lui , qui nous porte à nous purifier , pour aller trouver celui qui eft la fainteté même. Il n'eft pas feulement inutile , mais il eft dangereux d'aller fouvent à la priere par ha-

Eccli. c. 18. v. 23.

bitude & sans penser pourquoi on y va. On ne devroit point paroître devant Dieu, qu'on ne fût touché d'un mouvement de joie qui nous portât à esperer que nous allons recevoir ce que nous avons demandé long-tems. Nous devrions nous dire à nous-mêmes au sujet de l'heure de la priere ces paroles de S. Paul que l'Eglise applique au tems de la penitence : *C'est maintenant le tems favorable, voici l'heure de nôtre salut.* Nous ne sçavons point à quel moment Dieu le veut accomplir, & nous devons sçavoir qu'il est peut-être attaché à quelque occasion particuliere, qui nous fera inconnue, si nous manquons à nous y disposer par une vigilance & un desir qui nous préparera à profiter de la grace quand elle nous sera offerte. Si la sainte Vierge n'avoit été dans cette disposition & dans cette attente de la grace de Dieu, qu'auroit - elle fait lorsque l'Ange lui vint annoncer le mystere de l'Incarnation, & lui dire

II. Cor. c. 6. v. 2.

Luc. c. 1.

N iij

qu'elle alloit devenir la Mere de
Dieu ? Il n'y a point de moment
où Dieu ne puiſſe accomplir notre
ſalut. Chaque moment, & ſur-tout
le tems de la priere , peut être celui où Dieu va enfin exaucer nos
ſouhaits , & nous accorder les graces qui nous ſont néceſſaires. Il
faut donc les attendre dans une
préparation continuelle : & ſi cela
étoit , on verroit bien-tôt les effets
de notre priere & de notre diſpoſition. Bien loin de nous attacher,
comme nous faiſons le plus ſouvent
dans les occupations extérieures ,
nous regarderions la néceſſité qui
nous y applique, comme des moyens
que Dieu nous donne pour aller à
lui ; & conſidérant toujours qu'il
nous appelle , nous ne penſerions
qu'à nous avancer vers lui. Nous
verrions que tous les momens de
notre vie pouvant être remplis de
ſa grace , nous mériterions de l'obtenir effectivement, parce que nous
ne nous laſſerions jamais de la demander & de l'attendre. Je vous

supplie , mes Sœurs , que ce soit notre pratique pour bien achever ce Carême.

SUITE DES AVIS

DE LA R. M. AGNES

Privation de la Communion.

» QUE si par un jugement de
» Dieu qui seroit toujours ju-
» ste , & toujours adorable , il or-
» donnoit qu'on fût privé du divin
» Sacrement de l'Eucharistie, par
» l'ordre du Pasteur, il se faudroit
» présenter à l'Autel du Ciel , où
» Jesus-Christ , qui est le Grand   Hebr. c.
» Prêtre s'offre sans cesse au Pere 9.
» Eternel , & avec lui tous ceux
» qui sont incorporés en son Corps
» par une foi vive & une charité
» sincere, quand même ils seroient
» retranchés extérieurement de la
» Communion par un jugement
» injuste ; ce qui ne les prive pas
» de la participation spirituelle de

» cette Table divine , de laquelle
» l'ame s'approche par la foi ; & ce
» feroit avoir une idée trop baffe
» de ce Myftere incompréhenfible
» aux fens , de croire qu'il depen-
» dît tellement des hommes qui le
» confacrent & qui le diftribuent,
» que J. C. ne fe pût communi-
» quer, que par leur miniftere, aux
» ames pures que l'injuftice des
» hommes arrache malgré elles de
» cette Table divine : & comme
» en cette qualité les fens y trou-
» vent moins d'accès , n'étant vifi-
» ble que par les efpeces qui le cou-
» vrent dans l'Euchariftie , il n'y
» aura que la pureté de cœur qui
» nous rendra capables d'y parti-
» ciper ; au lieu qu'en le recevant
» par la main des Prêtres , il arri-
» ve fouvent qu'on ne reçoit pas
» la grace & la vertu du Sacre-
» ment , qui n'eft point attachée à
» l'action extérieure ; mais feule-
» ment à la difpofition de l'ame ,
» qui diftingue par un fort bien
» contraire ceux qui reçoivent une

» même chose extérieurement. Ce
» n'est pas que la privation de la
» sainte Euchariftie ne soit le sujet
» d'une extrême douleur, & que l'on
» ne puisse s'appliquer justement
» ce que dit le Prophete : *Mes lar-* Pf. 41.
» *mes m'ont servi de pain jour & nuit,*
» *quand on me disoit , Où est votre*
» *Dieu ?* Mais il y a cette différen-
» ce entre les ressentimens d'une
» si grande perte , & le trouble
» qu'on en pourroit avoir. La
» Magdelaine , cherchant Jesus- Jean ch.
» Christ dans le tombeau , étoit 20.
» comblée de douleur, ne pouvant
» souffrir qu'on lui eût dérobé la
» vûe de son Corps ; & comme el-
» le manquoit à la foi , qui ne lui
» permettoit pas de croire qu'on
» lui eût pu ôter Dieu, elle étoit
» dans le trouble ; mais comme sa
» charité couvroit ce défaut, J. C.
» qui lui étoit caché ne laissoit pas
» d'opérer en son ame , & d'y ex-
» citer de nouveaux desirs de le
» trouver & de le posséder , en
» forte que son absence faisoit en

» elle le même effet que s'il eût été
» préfent , n'étant attachée qu'à
» lui, & étant réfolue de ne point
» quitter le lieu où il avoit été mis,
» à la différence des Apôtres qui
» allerent le chercher avec elle au
» fepulcre ; mais ne l'ayant point
» trouvé , s'en retournerent auffi-
» tôt : ce qui les priva de J. C.
» quand il apparut à la Magdelai-
» ne , pour nous enfeigner qu'il
» n'y auroit que le découragement
» & le défefpoir de recouvrer Je-
» fus - Chrift , fi on nous l'avoit
» ôté en nous éloignant de la fain-
» te Euchariftie , qui nous ren-
» droit indignes de le trouver d'u-
» ne autre maniere , puifqu'il eft
» toujours proche de ceux qui ont

Pf. 33. » le cœur affligé, & de qui la dou-
» leur ne regarde que la privation
» de fa préfence. S. Paul dit qu'il
Rom. c. » n'y a point de condamnation
8. v. 1. » pour ceux qui font en J. C. &
» c'eft une marque affurée que l'on
» vit en lui que de vouloir bien
» fouffrir une condamnation exté-

» rieure plutôt que de l'offenſer, &
» de choiſir d'être privé de lui-
» même en la maniere qu'il ſe don-
» ne aux ames dans le Sacrement
» de ſon amour, que de manquer
» à tenir ſa conſcience en la pure-
» té où elle doit être pour ſe ren-
» dre digne de le recevoir ſpiri-
» tuellement, comme fit le Cen-   Luc. 7.
» tenier, en la maiſon duquel il
» n'entra pas, & où il ſe trouva
» néanmoins par une préſence in-
» viſible, qui lui fit obtenir tout
» ce qu'il deſiroit. Et nous devons
» eſpérer que ſi nous demeurons
» ſoumiſes avec humilité & avec
» reſpect à cette conduite de Dieu
» ſur nous, au lieu que nous avons
» peut-être communié ſouvent a-
» vec peu de fruit, il nous le fera
» faire beaucoup plus avantageu-
» ſement par cette communion que
» nous aurons à ſes ſouffrances,
» par laquelle nous recevrons l'ef-
» fet principal de ce myſtere, qui
» eſt une impreſſion de la Mort de
» J. C. qui ſe répand dans toutes
» nos actions.

REFLEXIONS
DE
LA R. M. ANGELIQUE
Sur les avis précédens.

Le Mardi- Saint 16 Avril. IL SEMBLE que Dieu permette la rencontre du tems de la Passion avec celle de la lecture que l'on vient de faire, pour nous instruire des dispositions dans lesquelles nous devrions être, s'il arrivoit que l'on nous privât de nouveau de la grace de la sainte Communion. Il est vrai que cette peine peut n'être pas la plus sensible, si on juge des choses selon les sens ; mais si on en juge par le prix de ce qui nous est ôté, comme il n'y a rien que nous devions tant chérir que cet avantage, il n'y a rien aussi que nous devions plus appréhender, que d'être séparées d'un bien que nous devons estimer plus que tout autre, & que nous devons aimer autant que nous devons nous haïr nous-mêmes. Pour reconnoître si une telle peine dans laquelle on nous a tenu long-tems , nous a été d'un aussi grand mérite qu'elle le pouvoit être, il faut voir notre cœur , & examiner ce qu'il a souffert de cette privation , & ce qu'il souffre encore , lorsque nos fautes nous obligent de nous retirer nousmêmes de ce Mystere : car la mesure du sentiment que nous en aurons nous fera juger de l'amour que nous avons pour Dieu. Si nous étions plus touchées de cette privation que de la peine de l'exil , & de toute autre chose qu'on nous peut faire souffrir , on peut croire que nous y avons gagné : mais sans cet amour , une souffrance de si grand mérite peut ne nous avoir pas sanctifié. L'on nous propose la Magdelaine pour modele de ce que nous devons faire pour honorer le Corps de J. C. dans la sainte Eucharistie. C'est à nous à voir si l'amour que nous avons pour lui , nous attache à ce Mystere avec au

Marc c.
16. v. 1,

Matth.
c. 24. v.
28.

Luc ch.
17. v. 37.

tant de fidélité que cette Sainte a
eu à rendre les derniers devoirs au
Corps de J. C. mort. Il eſt écrit
que les aigles s'aſſemblent par-tout
où eſt le corps mort. Si nous é-
tions comme ces aigles myſtérieux
qui s'élevent juſqu'au haut des
nuées pour contempler la lumiere
du ſoleil , nous nous éleverions
ſans ceſſe au - deſſus de nous - mêmes & de nos ſens pour admirer &
pour aimer J. C. comme notre véritable lumiere. Nous mettrions
toute notre joie & notre bonheur
à nous nourrir de ce ſacré Corps.
Nous tâcherions de répondre à la
grace de notre Inſtitut ; & voyant
que ce ſaint don ne nous eſt pas ac-
cordé pour le quitter, nous ne penſerions qu'à conſerver dans le temſ
cette union de grace qui nous peut
rendre dignes d'avoir part à l'u-
nion de la gloire dans l'éternité.
Nous craindrions que nos ſens mêmes ne s'éloignent de J. C. Nous
les attacherions à cet objet ſacré.
Nous réunirions toutes nos penſées

pour les appliquer à confidérer cet abrégé de graces & de merveilles, & nous tâcherions de n'avoir d'affection que pour celui qui nous donne dans ce Myſtere de ſi grands témoignages de ſon amour. Néanmoins il faut remarquer que nous ne nous acquitterons bien de ce que nous lui devons en ce Sacrement, qu'à proportion que nous annoncerons ſa mort par la part que nous prendrons à ſes ſouffrances. Et pour cela il eſt néceſſaire de graver bien dans notre cœur ce qu'il a fait pour nous en ſa Paſſion, & de confidérer qu'il n'a pas ſouffert en paſſant ; mais qu'il nous a laiſſe dans la ſainte Euchariſtie un mémorial perpétuel de ſa Mort & de ſa Paſſion. Ne croyons donc pas lui rendre les honneurs qui lui ſont dûs dans ce Myſtere, ſi nous oublions ſes ſouffrances, & que nous ne ſoyons point touchées de ce qu'il a enduré pour nous. Quelle ingratitude faudroit · il avoir pour n'en être pas occupées au

1. Cor:
c. 11. v.
26.

moins en ces faints jours, & pour
entendre comme une hiftoire le ré-
cit de fa Paffion ! Son deffein en
fouffrant a été de graver bien a-
vant dans notre cœur les témoignages qu'il nous a donnés de fon
amour : c'eft auffi pour cela qu'il
nous a laiffé fon Corps & fon Sang
dans la fainte Euchariftie ; & il eft
jufte que nous en approchant fi
fouvent, notre deffein foit auffi de
lui témoigner que nous l'aimons,
& d'entrer pour lui dans les mêmes
fentimens dans lefquels il a été pour
nous, c'eft-à-dire que nous foyons
difpofées à donner notre vie, &
toutes chofes pour l'amour de lui.
Si nous ne fommes pas dans cette
difpofition, les adorations que nous
lui rendrons dans ce Sacrement feront vaines. Le culte extérieur que
nous lui devons n'eft que l'image
& la figure de ce culte intérieur &
fpirituel fans lequel il n'y a point
de véritable adoration, & qui ne
fe rend que par l'amour.

L'ancienne Loi renfermoit beaucoup

coup de cérémonies extérieures ;
mais on n'étoit sauvé en les obser-
vant, qu'autant qu'on le faisoit effectivement par un esprit intérieur
& d'une maniere spirituelle, qui
appartenoit à la Loi nouvelle, qui
consiste toute dans l'amour. Il est
rapporté dans Livre de l'Exode que   Exode
Dieu voulant donner sa Loi & ses   c. 24.
Commandemens à son peuple, les
grava de son propre doigt sur des
tables de pierre, & les donna à
Moyse après qu'il eût demeuré quarante jours sur la montagne. Mais
ce peuple grossier & infidéle s'é-
tant fait un veau d'or pour l'adorer
pendant son absence, il conçut
tant d'indignation de ce crime, qu'il
brisa ces tables, jugeant qu'un peuple si ingrat envers Dieu, ne méritoit pas qu'il lui donnât sa Loi.
Néanmoins il fit tous ses efforts
pour obtenir le pardon d'un si grand
péché ; & la sainte Ecriture dit   Exode
qu'après qu'il eût appaisé Dieu,   c. 32.
il le fit revenir sur la montagne,
& lui promit de lui dicter de nou-

O

veau ſes Commandemens, qu'il
ne voulut plus lui-même graver ſur
la pierre. C'étoit une figure de ce
qui devoit arriver dans la nouvelle
Alliance. Dieu a donné ſa Loi
aux hommes par l'Incarnation de
ſon Fils. Mais comment l'a-t-il
donné, ſi ce n'eſt en la gravant par
des caracteres d'amour ſur ſa chair
ſainte. Et quels ſont ces caracteres? Ce ſont les peines, les travaux, les douleurs & enfin les goutes de ſang qu'il a répandues pour
nous, & qui ſont autant de témoignages de ſon amour. Comment
donc n'en ſera-t-on point touché
& ſe contentera-t-on de dire qu'il
faut aimer Dieu, ſans ſe mettre en
peine de ce qu'il faut faire pour
l'aimer & pour reconnoître une
bonté ſi infinie. L'homme a le cœur
plus dur que la pierre, & il eſt véritablement ingrat, s'il n'eſt point
pénétré de reconnoiſſance pour une
bonté qui ſurpaſſe tout ce qui ſe
peut imaginer. Mais ne croyons pas
que les caracteres de ſon amour

soient gravés dans notre cœur, si
nous fûmes seulement touchées de
quelque compassion & de quelque
tendresse en entendant lire dans
l'Evangile, ou en méditant quelquefois ce qu'il a souffert pour nous.
Les actions, & non les pensées,
doivent rendre témoignage de l'impression que la Mort du Fils de
Dieu aura faite dans notre cœur,
& de la reconnoissance que nous
en aurons. Il est juste que nous re-
connoissions qu'un Dieu nous a aimé; mais parce qu'il nous a aimé
dans la vérité, il faut que nous
faissions voir, non par des paroles
qui peuvent être vaines, mais par
des actions effectives & sinceres,
que nous sommes persuadées de son
amour.

Quand Jesus-Christ ressuscita
le Lazare, il s'émut en lui-même   Jean.
& répandit des larmes qui donne- c. 11.
rent sujet de croire à ceux qui é-
tòient présens, & de dire : *Voyez*
comme il l'aimoit ! Les Juifs ont été
convaincus en voyant les larmes

O ij

du Fils de Dieu, qu'il aimoit véritablement le Lazare; & les Chretiens verront-ils qu'il répand, non
fes larmes, mais fon fang pour
l'amour d'eux, fans admirer la
grandeur de fon amour, & fans
dire : Voyez combien il nous aimoit ! Et que devons-nous faire
pour lui témoigner notre amour ?
Il a gravé, comme nous avons dit
les caracteres de fon amour fur fon
humanité fainte comme fur des tables écrites par le doigt de Dieu ;
mais ces tables ont été rompues
par fa Mort. Les hommes idolâ-
tres d'eux-mêmes, ne cherchant
que leur propre gloire, ont cru-
I. Cor.
c. 2. v. 8. cifié le *Dieu de gloire*, & l'ont condamné à la mort comme un crimi-
nel. Qu'a fait Jefus-Chrift ? Il
nous a donné fon Corps dans la fainte Euchariftie, & il a retracé fon
amour comme fur d'autres tables,
où il a gravé les marques de fa
charité, voulant porter dans fon
Corps glorieux & immortel les
plaies qu'il avoit foufferces en fa

Passion. Que le fruit que nous en tirerons soit donc de nous persuader qu'un Dieu nous ayant aimé à l'infini, nous ne devons point mettre de bornes à l'amour que nous avons pour lui. Nous devons regarder toutes les actions qu'il a fai-
tes pour notre salut & toutes ses souffrances comme autant de ca-
racteres animés dans lesquels nous pouvons lire & reconnoître l'amour du Pere qui nous a donné son Fils, & l'amour du Fils qui s'est livré lui même pour nous. Si nous n'en-
durcissons point nos cœurs, ces témoignages y seront gravés de telle sorte que nous comprendrons que nous devons aussi lui témoi-
gner notre amour, & que ne pou-
vant satisfaire à ce premier Com-
mandement de la Loi nouvelle que par l'accomplissement du second qui nous oblige d'aimer nos freres, nous devons nous efforcer en les aimant & en les supportant, de témoigner à notre Sauveur, que, si nous ne pouvons souffrir pour

lui ce qu'il a souffert pour nous,
nous voulons bien pour l'amour de
lui endurer de la part de notre prochain les persécutions & les peines
qu'il nous pourroit faire , & que
Dieu permet pour notre bien.
Nous devons aimer nos ennemis
comme Jesus-Christ nous a aimés
lorsque nous étions nous-mêmes
ses ennemis. Si nous avions bien
de la charité pour eux , peut-être
que nous les gagnerions , & que
nous obtiendrions que Dieu les
changeât. Il est digne de la charité de nous inspirer pour eux les
mêmes sentimens que Jesus-Christ
a eu pour nous , lorsque nous é-
tions du nombre de ceux qui é-
toient ses ennemis. Qui seroit bien
touché de cela, résisteroit aux mouvemens ausquels on se laisse aller
contre ceux qui nous persécutent ,
& on comprendroit l'obligation
qu'il y a de les aimer. S'ils commet-
tent des injustices , il ne faut pas ap-
prouver le mal qu'ils font ; mais
il faut en faire le discernement

pour haïr l'injustice , & aimer les personnes que Dieu peut rendre justes , s'il lui plaît de les convertir. Ce ne seroit pas connoître les avantages de la souffrance d'avoir quelque ressentiment contre ceux qui nous donnent occasion de mériter beaucoup en nous persécutant. Le Fils de Dieu a aimé ses ennemis , & a prié pour eux, ne les regardant pas tant comme les instrumens de sa Passion, que comme les instrumens de sa gloire ; nous devons avoir les mêmes sentimens pour ceux qui nous persécutent. Il faut les regarder comme les instrumens de la bonté aussi bien que de la justice de Dieu sur nous & se souvenir qu'il peut les changer , & les rendre aussi eux-mêmes les instrumens de la miséricorde en les convertissant , & leur faisant faire pénitence. C'est ce que nous devons souhaiter de tout notre cœur , & reconnoître devant Dieu que leur fin peut être fort heureuse , comme il pourroit

Luc.
ch. 23.
v. 34.

arriver que la notre seroit malheu-
reuse, si nous cessions d'aimer Dieu
& d'être fidéles à sa Loi.

Il y a encore une chose neces-
saire pour rendre notre souffrance
parfaite, qui est de nous munir
contre les raisonnemens de l'esprit
humain opposés aux principes de la
foi qui nous apprend à trouver la
gloire dans le mépris, les richesses
dans la pauvreté, la vie dans la
mort. Elle nous fait juger des choses selon la vérité & découvrir comme à des Prophetes quelle doit ê-
tre la fin de nos maux, afin que
nous ne nous laissions point abattre par ce qui paroît de plus rude
aux sens, & qui seroit capable de
leur donner de l'horreur & de l'effroi. Rien n'a paru si odieux que
la Mort de Jesus-Christ : cependant ç'a été par elle que nous a-
vons été rachetés ; & ce sera par le
même moyen, c'est-à-dire, par les
croix, par les persécutions & par
les afflictions que notre salut s'ac-
complira, & que J. C. qui a été
glorifié

glorifié en son humanité sainte qui
avoit souffert pour nous, sera aussi
glorifié en ses membres qui auront
été exercés pour lui. Ne craignons
donc point de perdre toutes choses
pour lui témoigner que nous l'aimons. La Magdelaine répandit ses
parfums sur la tête de J. C. & il
est dit dans S. Marc, qu'elle rom-
pit même le vase d'albâtre dans lequel ils étoient. Ceux qui jugeoient
d'elle selon la raison humaine, im-
prouvoient cette profusion. Ils di-
soient que c'étoit une grande perte,
& demandoient à quoi bon perdre
ce parfum qui pouvoit être vendu
pour les pauvres : mais J. C. prit
la defense de la Magdelaine, & la
consola, en disant à Judas : *Vous*
aurez toujours les pauvres avec vous,
mais vous ne m'aurez pas toujours.
Pour appliquer cela à l'occasion présente, on peut dire qu'il y en a qui
voyant l'état où nous sommes, voudroient nous conseiller de faire
quelque chose pour en sortir, & de
ne pas refuser de signer si on venoit

à nous y obliger, comme on a voulu faire autrefois. Ils difent que c'eft une grande perte de ne pas recevoir des filles, que le fujet ne mérite pas la perte que l'on feroit en laiffant fupprimer cette Maifon. Mais cela ne doit point nous troubler. Il faut répondre qu'il y aura toujours des occafions ordinaires pour faire de bonnes œuvres, & des Maifons pour retirer des filles : mais il n'y aura pas toujours des occafions de tenir fermes pour la Vérité, de lui demeurer fidelles aux dépens de toutes chofes. S'il paroît que l'on s'expofe par là à être blâmées & condamnées de tout le monde, il fe faut mettre peu en peine du jugement qu'on portera de nous : il nous fuffit que nous puiffions plaire à Jefus-Chrift, & entrer dans les difpofitions de la Magdelaine qui n'eft occupée que de lui, comme il eft tout appliqué à elle. Si après cela nous nous trouvons expofées à de plus grandes fouffrances, la conduite de Jefus-

Christ dans toute sa Passion sera la regle de la nôtre. Ce n'est pas que je sçache qu'on nous prépare de nouvelles peines pour le présent ; mais il est bon de nous affermir dans la disposition de souffrir toutes choses, afin que si l'occasion en arrive, nous ne soyons pas trouvées infidelles, & que nous soyons toujours prêtes à suivre J. C. partout où sa volonté nous conduira , & quoi que ce soit qu'il demande de nous.

SUITE DES AVIS

DE LA R. M. AGNE'S.

» IL ne faudra pas toujours de-
» meurer à jeun , mais mettre
» à la place du pain de Dieu, la
» parole de Dieu même qu'il faut
» écouter dans son cœur, & qui
» se doit lire dans ses livres avec
» une révérence qui soit digne de
» de celui qui nous parle dans son

Jean ch.
6. v. 69.

Pf. 118.
v. 81.

» Evangile , & qui a les paroles
» de la vie éternelle , qu'il fait
» entendre aux ames qui lui peu-
» vent dire avec le Prophete, qu'el-
» les ont mis toute leur confiance
» en fes paroles. Que fi nous é-
» tions encore privées de la lectu-
» re de l'Evangile, on ne fçauroit
» nous faire oublier plufieurs paf-
» fages qui font gravés dans notre
» efprit , & dont une feule période
» fuffit pour nourrir une ame ,
» pour la fortifier & pour la défen-
» dre contre tous fes ennemis ; &
» quand il ne nous refteroit que le
» *Pater* , qui eft l'abrégé de la doc-
» trine que le Fils de Dieu nous a
» apprife , nous y trouverons de
» quoi rendre à Dieu, l'honneur
» & le culte qu'il demande de
» nous, de quoi obtenir toutes les
» chofes dont nous avons befoin, &
» de quoi fatisfaire à toutes nos det-
» tes; & tandis que notre confian-
» ce en lui & le témoignage de
» notre confcience nous donneront
» la hardieffe de l'appeller notre

‟ Pere, rien ne nous manquera,
‟ Ce fera alors qu'il faudra vivre
‟ des miettes qui tombent de la
‟ Table du Seigneur, qui font la
‟ pénitence & la componction de
‟ cœur, de ce qu'ayant été affifes
‟ à la Table des enfans, nous ne
‟ nous fommes pas engraiffées de
‟ ce pain célefte qui nous a été di-
‟ ftribué avec tant d'abondance &
‟ de préférence à d'autres qui n'ont
‟ pas été inftruites comme nous ;
‟ & J. C. qui multiplia les pains
‟ dans le defert, où il ne fe trou-
‟ voit rien pour nourrir tant de
‟ peuples qui le fuivoient, multi-
‟ pliera fans doute fes graces in-
‟ térieures au defaut des fecours
‟ qu'on avoit accoutumé de rece-
‟ voir de ceux qui nous diftri-
‟ buoient fa parole.

Matth.
c. 15.
Marc, c.
7.

Marc c.
6. v. 38.

~~~~~~

REFLEXIONS

D E

LA R. M. ANGELIQUE

Sur les avis précédens.

Le Mercredi-Saint 17 Avril. ON NE peut entendre ce qu'on vient de nous lire, sans admirer la grandeur de la Religion chretienne, qui est tellement élevée, que si on en conçoit bien tous les avantages, on s'elevera par elle au-dessus de tout ce qui peut être un sujet de scandale, ou de peine, ou d'affliction; & l'on comprendra que des personnes accablées de maux, & privées de tout secours, non-seulement de la part des hommes, mais même en quelque sorte de la part de Dieu, peuvent être infiniment heureuses. Quand on lit cela avec foi & avec application, on est persuadé que l'on peut demeurer en paix au milieu des plus grandes persécutions, dans les afflic-
~~~~~~

tions & dans les peines du corps &
de l'eſprit, & dans le manquement
de tout ; parce qu'une perſonne
que la foi a miſe dans cette ſitua-
tion , de regarder Dieu dans tout
ce qui arrive , de n'eſpérer & de
n'aimer que lui , ne craint rien, &
ne deſire rien de tout ce qui n'eſt
point Dieu. Elle ſe tient aſſurée
de ſon amour dans le tems même
qu'il ſemble le lui refuſer. Elle s'eſt
propoſée pour bonheur d'être unie
à Dieu , & elle rapporte tout à
cette fin. Elle n'a point beſoin de
protection , car étant établie dans
celle du Dieu du Ciel , elle croi- Pſ. 90.
roit qu'il eſt indigne d'elle d'en
chercher ſur la terre. Si le cœur
n'eſt pas établi dans une ferme confiance en Dieu par une foi ſincere
& véritable , il faut demeurer d'accord qu'on ſera bien - tôt renverſé
dans des occaſions pareilles à celles
dont on nous parle ici. Mais ſi on
a la foi , elle tranſporte les monta- Matth.
gnes, & il n'y a point de difficulté c. 16. v.
qu'elle ne ſurmonte , & de peines 19.

qu'elle ne rende legeres & fuppor-
tables. Ce que nous avons à faire
eft de chercher ce vrai mouvement
de foi , de condamner & de rejetter les penfées & les mouvemens
de la nature qui lui font oppofés,
qui nous rabaiffent , & nous donnent des fentimens indignes de la
qualité de Chretiennes , c'eft-à-
dire de difciples de Jefus - Chrift.
La foi nous releve & nous rend
maîtres de toutes nos paffions , au
lieu que l'amour de nous - mêmes
nous rend efclaves d'une infinité de
maîtres , fous la domination def-
quels nous perdons , fi nous n'y
prenons garde, la vraie liberté des
enfans de Dieu.

Matth.
ch. 6. v.
24.

Qui a plufieurs maîtres , craint
les uns , & a de la complaifance
pour les autres. Mais celui que la
foi a rendu foumis à Dieu, n'a que
lui pour maître , & ne craint de
déplaire , ou ne defire de plaire
qu'à lui feul. Si nous avons profité
des Myfteres de notre Redemp-
tion que nous célebrons préfente-

ment, nous mettrons sous les pieds toutes les menaces du monde, aussi-bien que ses promesses ; & si nous avons une véritable estime du Royaume de Dieu, on peut dire que nous en sommes déja en quelque sorte en possession , que nous en avons un gage assuré , & que nous entrons en participation de tous les biens qui nous sont promis , par l'union que nous avons avec J. C. qui est monté au Ciel , & nous y veut aussi attirer avec lui. Il regne à la droite de son Pere. C'est là que la foi doit élever nos cœurs & nos pensées ; & si cela est, rien ne sera capable de nous faire craindre & de nous porter au trouble ou au découragement. Quand les Prophetes exhortoient le peuple de Dieu à se confier en lui, ils lui représentoient la pompe & la magnificence des faux Dieux ; mais en même-tems ils leur en faisoient voir le néant, & combien ils étoient incapables de nuire ou de servir à personne. Nous devons consi-

Baruch.
c. 6.

dérer de la même maniere les menaces, ou les promeſſes que l'on
pourroit nous faire, & n'avoir non
plus de confiance en celles-ci, que
d'appréhenſion de celles-là ; & ce
ſeroit le moyen de rendre inutiles
tous les efforts des hommes & des
démons contre nous. Il eſt ſi vrai
qu'ils ſont incapables de nous faire
tort, ou de nous ſervir quand nous
nous mettons au deſſus d'eux, qu'ils
n'auroient pas plus de pouvoir de
nous nuire qu'une idole, ſi nous
les regardions comme tels. C'eſt en
cela qu'il faut mettre ce que nous
devons à Dieu, de ne nous aſſujettir qu'à lui, de ne craindre &
de n'aimer que lui ſeul. L'homme
eſt tellement porté par le déreglement de ſes paſſions à ſe faire une
idole de la créature, que s'il n'y
prend garde, il s'en fait un faux
Dieu, & lui rend ce qui n'eſt dû
qu'au vrai Dieu, je veux dire la
crainte & l'amour. Le Fils de Dieu
nous apprend à vaincre cette tentation ; & pour nous donner lieu

de faire plus d'attention aux vérités qu'il vouloit nous découvrir,
il dit : *Je vous montrerai qui vous de-*
vez craindre. Craignez, ajoute - il,
celui qui peut envoyer le corps & l'ame
dans les supplices éternels. Les hommes ne peuvent nuire que lorsqu'ils
sont les instrumens de la justice de
Dieu sur nous. Rentrons en grace
avec lui , mettons - nous en état
d'obtenir sa miséricorde , & alors
les maux que les hommes nous peuvent faire seront changés en de véritables biens. La Mere Agnès
prévoyoit dans ces avis qu'elle nous
donne , toutes les peines où nous
pouvions être exposées, & qui en
effet nous sont arrivées ; mais nous
y avons fait tant d'expérience du
secours & de la protection de Dieu,
que nous sommes obligées de com-
pter ces peines au nombre des graces que nous avons reçues de lui :
& si nous n'en avons pas profité,
il aura sujet de nous faire des re-
proches. Il a comblé cette Maison
de l'abondance de ses graces. Il a

Luc c.
22. v. 5.

envoyé des perfonnes remplies de
fa lumiere & de fon efprit pour la
conduire ; & s'il nous a retiré ces
mêmes perfonnes, ce peut avoir
été encore par l'effet d'une plus
grande miféricorde, de peur que
le mauvais ufage que nous en faifions n'attirât fur nous fa colere.
Il nous a donné lieu de gémir de
n'en avoir pas profité, & de pratiquer dans la privation ce que
nous n'avions pas bien accompli
dans le tems de l'abondance. L'é-
tat où nous fommes préfentement,
& qui approche en quelque forte de
celui où nous avons été autrefois,
ne nous doit point faire peur, puifque nous y avons reçu tant d'affi-
ftances de Dieu, que nous avons
fujet de reconnoître qu'il les mefu-
roit au nombre des afflictions dont
nous paroiffions accablées.

Pour dire un mot en paffant de
la rencontre de la mort de M. Sin-
glin, dont il eft aujourd'hui l'An-
niverfaire, & qui arriva au plus
fort de toutes nos afflictions, ne

sembloit-il pas que ce coup devoit
tout renverser , & qu'il ne nous
restoit point de consolation après
avoir perdu une personne que Dieu
nous avoit donnée pour être la lumiere & la conduite de cette Maison , qui en étoit véritablement le
Pere , non-seulement parce qu'il
en portoit le nom par le titre de
Supérieur ; mais beaucoup plus ,
parce que la plûpart de nous lui é-
tions rédevables après Dieu de notre vocation , qu'il nous avoit en-
fantées à Jesus-Christ , selon l'ex-
pression de S. Paul, par la chaleur Galat. c.
de ses exhortations & la ferveur de 4. v. 19.
sa charité. Il nous portoit toutes
dans son cœur. Il avoit un véritable zéle pour contribuer à notre a-
vancement , & une bonté compatis-
sante pour entrer dans toutes nos
peines. N'auroit-on pas dit que
Dieu nous privant de cette *pluie* Pf. 67.
volontaire qu'il avoit donnée à son
héritage , à cause du peu de profit
que nous en avions rapporté , nous
traitoit comme cette terre dont par-

Hebr. c.
6.

le S. Paul, qui eſt proche de tomber dans la malédiction, parce que les ſoins qu'on a pris de la cultiver ont été inutiles ? Cependant nous avons éprouvé que dans ce tems là même, Dieu a eu pitié de nous, & nous a fait ſentir ſa miſéricorde par d'autres ſecours qu'il nous a donnés ſelon nos beſoins. Nous pouvons même dire que nous envoyant des afflictions extraordinaires, il nous a donné auſſi une meſure de graces extraordinaire pour les ſoutenir ; & ainſi au lieu de nous laiſſer aller à la défiance & de tomber dans l'accablement, en voyant que nous avons mérité par nos péchés que Dieu nous retirât les perſonnes qu'il nous avoit données par ſa miſéricorde, il faut eſpérer au contraire que voyant nos fautes, & nous humiliant ſincérement devant lui, il conſommera en nous ſa miſéricorde. Ne nous mettons point en peine comment il le fera ; ſoit à droit ſoit à gauche : il ne nous importe, pourvu que nous

foyons à lui. Si c'eſt en nous déli-
vrant pour la louange de ſa gloire;
nous le benirons, & lui témoigne-
rons nos reconnoiſſances ; mais s'il
nous abandonne à ſouffrir comme
Jeſus-Chriſt, nous croirons que
ce ſera pour nous donner une plus
grande grace, & qu'il triomphera
en nous, quand nous paroîtrons
détruites & anéanties pour l'amour
de lui. Nous ne ſçavons pas les
deſſeins de Dieu ſur nous ; il les
faut adorer, & nous laiſſer conduire à ſa providence. Quand Jeſus-
Chriſt nous apprend dans la priere
qu'il a compoſée pour nous à demander que ſon nom ſoit ſantifié,
& que ſon royaume arrive, il a
renfermé dans ces deux demandes
tout ce que nous pouvons & devons demander. La premiere regarde la gloire de Dieu, que nous
devons ſouhaiter par-deſſus toutes choſes, la ſeconde regarde notre propre intérêt ; car nous ne ſerons heureux qu'autant que Dieu
établira ſon royaume en nous par

la deſtruction du regne du péché...
C'eſt ce que nous devons deſirer
uniquement. Mais il doit être in-
différent de quelle maniere Dieu
accompliſſe ſa gloire & exauce nos
prieres. Il ſçait les moyens qu'il a
choiſis pour cela : c'eſt à nous à le
laiſſer faire, puiſqu'il n'a que faire
de nous pour y réuſſir. Il y a pourtant une choſe qu'il demande de
nous, ce ſont nos larmes & nos
prieres pour attirer ſa grace & ſa
miſéricorde. Nous n'avons donc
autre choſe à faire qu'à prier & à
gémir, pour ne pas ſortir de la
disposition où Saint Paul veut que
ſoient les perſonnes de notre ſexe,
lorſqu'il les oblige de ſe taire dans
l'Egliſe. Il faut aimer cette obligation que nous avons de garder
le ſilence & de prier pour l'Egliſe,
puiſque c'eſt une grande dignité de
ſe taire pour parler à Dieu.

    Nous devons en ces ſaints jours,
où le Myſtere de l'Euchariſtie a
été inſtitué, avoir un grand deſir
de renouveller les diſpoſitions que

notre

*I. Cor.
c. 12. v.
34.*

notre Institut nous oblige d'avoir pour rendre à Jesus-Christ l'honneur qui lui est dû dans le Saint Sacrement. Nous ne sçavons pas présentement les desseins de Dieu sur nous, s'il veut que nous soyons regardées comme des victimes destinées à lui être sacrifiées par toute sorte de croix & de peines. Il faut adorer ses ordres & les aimer, quels qu'ils puissent être. Il faut se soumettre à être immolées avec J.C. & pour J.C. ; mais de telle sorte que nous nous offrions en la maniere qu'il s'est offert a son Pere, ne regardant que sa gloire & l'utilité de ses membres qui composent son Eglise. Toutes les fois que nous nous présentons aux pieds des Autels, nous devons nous offrir à Dieu pour cette intention, n'ayant pour objet de nos desirs que la gloire de Dieu dans le Ciel, & le bien de l'Eglise sur la terre. Comme les ennemis de Dieu font leurs efforts pour détruire, s'ils pouvoient, l'un & l'autre, il veut que nous gémis-

fions , & que ne pouvant rien faire pour le fervice de fon Eglife ,
que de répandre nos larmes devant
lui , nous ne les refufions pas. J'ai
eu de la confolation de voir dans

Jerem.
ch. 9. v.
19 & 20.

le Prophete Jeremie un paffage
qui fe peut appliquer à ce que je
dis. Il déplore les malheurs qui doivent arriver à ville de Jerufalem ,
& après s'en être affligé d'une maniere très-vive , il commande de
la part de Dieu, qu'on appelle pour
pleurer les perfonnes qui ne font
occupées qu'à gémir ; & il ajoute
que celles qui font fages fe hâtent,
qu'elles viennent répandre leurs
larmes fur les maux de la ville. Il
leur commande d'apprendre à leurs
filles à pleurer , & que chacune
enfeigne celle qui lui eft proche à
gémir , parce que la mort eft entrée par les fenêtres , & qu'elle
n'épargne perfonne. Ces femmes
faintes & remplies d'amour pour la
Maifon de Dieu , & le bien de
l'Eglife , ne fe doivent pas feulement contenter de pleurer ; mais

elles doivent apprendre à d'autres
à le faire par succession, & se mettre en peine que cette sainte pratique ne soit pas interrompue, afin
qu'il y ait toujours des personnes
qui pleurent dans l'Eglise, comme il y aura toujours des maux qui
mériteront d'être pleurés. On peut
dire que quoique cette pratique
convienne à toute sorte des personnes, puisque tous les enfans de l'E-
glise doivent être touchés de ses
afflictions, elle doit être néanmoins
plus ordinaire aux personnes religieuses, puisque Dieu les a destinées particulierement à gémir, &
qu'elles doivent être de ces colom-
bes mysterieuses dont il est parlé
dans le Cantique, qui font enten- *Cant. des*
dre leurs voix du trou de la pierre, *Cant. c.*
où elles sont renfermées pour gé- *2. v. 14.*
mir dans la séparation du monde
& des vains plaisirs, qui tarissent
la source de ces larmes saintes. Il
est besoin qu'elles s'instruisent les
unes les autres à pleurer, parce
que ce n'est point la chair & le

Q ij

sang qui révelent cette science, &
qu'il y a très-peu de personnes qui
comprennent quelles sont ces larmes. On se tromperoit si on s'imagi-
noit que ce fussent des larmes sensibles & extérieures. Celles-là ne du-
rent pas toujours, & on seroit souvent dans l'impuissance de satisfaire
à ce devoir qui est essentiel à notre
état. Les larmes que nous sommes
obligées de répandre consistent en
une disposition d'amour pour Dieu
& pour l'Eglise, qui ne soit interrompue par aucune passion, & qui
nous mette en état de desirer toujours la gloire & la santification de
son nom, de gémir pour tous les
maux de l'Eglise, dont nous devons être plus touchées que nous
ne le sommes de nos propres afflictions. Pour apprendre à pleurer
ainsi, il faut apprendre à ne plus
aimer que Dieu, & travailler sans
cesse à dégager notre cœur de ce
qui l'attache encore à nous-mêmes
& aux créatures. Il faut demander un cœur nouveau, formé par

le S. Esprit, plein de zéle & de tendresse pour l'Eglise. C'est en cette maniere que nous devons honorer la Passion du Fils de Dieu, en pleurant sur son Eglise, sur ceux qui sont, ou doivent être les membres de son Corps, & en la personne desquels il est encore tous les jours crucifié. C'est ce que Dieu demande des hommes particulierement ; & sans cela ce ne seroit rien faire de répandre des larmes en entendant lire la Passion de Notre-Seigneur.

On se moqueroit d'une personne qui ayant vu son pere ou sa mere malades, s'occuperoit moins des remedes qu'il leur faudroit faire, que des douleurs qu'ils auroient souffertes dans quelques occasions passées. Il y a des personnes qui en ces saints jours veulent bien s'occuper de la Passion de Notre-Seigneur, & qui s'attendrissent en y pensant ; mais qui ne sont point touchées de ce que l'Eglise souffre. Cependant c'est ce que J.C. de-

mande de nous. Il a voulu que sa
Paſſion ait été une prophétie , &
que ce qu'il ſouffriroit en ſon humanité , fût la figure de ce qu'il
devoit ſouffrir en ſon Corps myſti-
que qui eſt l'Egliſe. C'eſt donc ſur
elle & ſur ſes maux qu'il veut que
nous répandions des larmes , plû-
tôt que ſur des douleurs qu'il ne
ſouffre plus. Nous devons conſidérer ſa Paſſion comme la preuve
de ſon amour pour nous , & y voir
l'image de ce qu'il ſouffre encore
tous les jours dans les ames de
ceux pour qui il a répandu ſon
ſang , & qui bien loin d'eſtimer ce
prix de leur rédemption , le fou-
lent aux pieds. On nous dit aſſez
ces vérités. Il eſt néceſſaire de nous
les rappeller en l'eſprit ; & ſi elles
y ſont bien gravées , nous ſçau-
rons pleurer comme le Prophete
nous y exhorte , nous ſerons aſſez
ſenſibles aux déſordres qui ſont
dans l'Egliſe pour en gémir. Voilà
à quoi nous devons appliquer notre zele , & nous devons nous ré-

jouïr de la grace que Dieu nous a
faite de nous choisir & de nous appeller à ce ministere, que l'on peut
dire être le plus saint & le plus propre à santifier de tous ceux qui sont
dans l'Eglise. Il ne nous oblige
qu'à pleurer sur les pieds de J. C.
& à demeurer incessamment avec
lui. Et il a cet avantage au-dessus
de l'Apostolat, que les Apôtres
mêmes en l'exerçant n'étoient pas
exempts de contracter de la poussiere ; au lieu que les personnes qui
ne sont occupées qu'à laver les
pieds de J. C. se lavent & se purifient elles-mêmes en les lavant.
Nous deviendrons d'autant plus
pures & plus agréables à Dieu,
que nous aurons plus de soin de
gémir sur les péchés des autres, &
de prier pour l'Eglise. Faisons-le
donc incessamment : instruisons les
autres à pleurer par notre exemple ; mais pour le bien faire, in-
struisons-nous nous-mêmes, & entrons dans le recueillement, le silence & la séparation de toutes les

choſes extérieures qui ne nous doivent plus toucher, ni nous occuper,
ſi nous le ſommes véritablement
de ce qui regarde l'Egliſe. Nous
nous aiderions beaucoup les unes
les autres, ſi nous étions dans cette diſpoſition. Car on ne ſçauroit
voir une perſonne modeſte & re-
cueillie, que cela n'excite à rentrer
en ſoi-même ; au lieu qu'on ſe dif-
ſipe & ſe diſtrait facilement avec
celles qui ſont toutes répandues au
dehors. La charité que nous devons à nos Sœurs nous oblige donc,
auſſi-bien que notre devoir , à les
édifier. J.C. nous commande d'aimer tous ceux qui ſont ſes membres , comme il nous a aimé nous-
mêmes. Nous ſçavons qu'il nous a
aimés afin de nous ſantifier , aimons - les auſſi pour cette fin. Ne
nous plaignons point des petits ſujets de peines qu'ils nous pourroient faire. Car rien n'eſt plus op-
poſé à la charité chretienne que
d'être ſi ſenſible à ce qui nous bleffe & nous déplaît dans le prochain.

Si

Si nous l'aimons de la même maniere que J. C. nous a aimés, non-
feulement nous offrirons nos larmes pour nous purifier, & pour
laver les péchés de nos freres, mais
nous pouvons efpérer qu'elles feront mêlées avec le fang de Jefus-
Chrift même, qui fantifie & qui
embellit les ames dont il eft lui-
même la beauté & la gloire.

A V I S

DE LA R. M. AGNES

Pour les Religieufes exilées.

» **S**'I L arrive qu'on ôte quel-
» ques - unes des Religieufes
» pour les mettre en d'autres Mo-
» nafteres, celles-ci auront moins
» de difficulté & de doute fur la
» maniere de fe conduire, n'y
» ayant qu'à fouffrir & à fe taire,
» fans trouver à redire à quoi que
» ce foit. Si elles font maltraitées,

R

» elles auront recours à la patien-
» ce , qui leur tiendra lieu de tout.
» Si on leur témoigne de la chari-
» té , elles la recevront avec re-
» connoiſſance ; mais ſe donnant
» de garde qu'il n'y ait de la diſſi-
» mulation & de l'adreſſe pour ga-
» gner leur confiance , & leur faire
» dire des choſes dont on pourroit
» abuſer enſuite contre elles - mê-
» mes.

» Que s'il arrivoit que quelqu'u-
» ne des Religieuſes leur ouvrît
» ſon cœur pour ſe plaindre ou de
» ſa Supérieure , ou de quelqu'une
» de ſes Sœurs , elles ne s'informe-
» ront point au-delà de ce qu'elle
» leur diroit , & répondront avec
» ſimplicité , pour la porter à l'o-
» béiſſance & à la charité qu'elle
» doit avoir pour le prochain. El-
» les agiront avec humilité & reſ-
» pect envers la Supérieure ,
» n'ayant point à craindre de lui
» trop déférer , puiſqu'elle doit ê-
» tre obéie & reconnue dans ſa
» propre Maiſon ; mais pour y

» prendre confiance en ce qui eſt
» de l'intérieur, elles ne le feront
» pas, réſervant leurs ames pour
» celle à qui Dieu les a commiſes.
» Elles n'allégueront jamais ce
» qu'on faiſoit dans leur Monaſte-
» re, & n'en parleront point, ſi
» on ne les en interroge ; & alors
» elles diront les choſes fort ſim-
» plement, conſervant dans leur
» cœur une ſimple attache à l'eſ-
» prit dans lequel elles ont été in-
» ſtruites, qui eſt pour elles celui
» qu'elles doivent avoir pour con-
» ſerver la grace de leur vocation.

    » Elles continueront de dire le
» Breviaire de Paris, ſi ce n'eſt
» qu'elles puſſent ſervir au Chœur,
» & qu'on les obligeât de chanter
» avec les autres. En ce cas ayant
» dit un Office canonique, il ne
» faudra pas répéter le ſien particu-
» lier. Elles ſe regarderont dans
» ces Monaſteres comme les der-
» nieres de toutes, & comme des
» perſonnes exilées, qui ſont d'au-
» tant plus obligées de s'humilier,

R ij

» que c'eſt Dieu qui les humilie
» lui - même , & qu'il ne fait rien
» qu'avec juſtice & miſéricorde ,
» le peu de profit qu'elles ont fait
» dans une Maiſon de paix où il
» les avoit favoriſées de ſes graces
» méritant bien qu'elles en aient
» été retirées. Cependant ſa bon-
» té leur doit donner ſujet de croi-
» re que ſa main paternelle les ſou-
» tiendra & les guérira en les châ-
» tiant , & que non - ſeulement il
» oubliera leur ingratitude , mais
» qu'il les comblera même de ſes
» miſéricordes & de ſes graces.

REFLEXIONS

DE

LA R. M. ANGELIQUE

Sur les avis précédens.

Le 31
Mai, peu
de jours
avant la
Pentecô-
te.

DIEU permet qu'ayant inter-
rompu pour quelque tems la
lecture de ces avis , nous ayons
occaſion d'en parler dans une rencontre plus importante. Ce n'eſt

pas que l'état des affaires soit autre
qu'il étoit il y a trois semaines , &
que l'on sçache qu'il y ait des dispositions à exécuter les choses dont
nous sommes menacées ; mais c'est
parce que dans ce tems de la for-
mation de l'Eglise il est bon de regarder sur quoi elle a été fondée.
Nous lisions Dimanche dernier
dans l'Evangile la prédiction que
le Fils de Dieu fait à ses Apôtres
étant prêt d'aller à la mort : qu'on
les persécuteroit & qu'on les chas-
seroit des Synagogues & des as-
semblées ; mais il paroît que ces
paroles leur étoient inconnues , &
que ce mystere leur étoit caché.
Il n'y entendoient rien , parce que
le S. Esprit n'étoit pas encore donné. Quand J. C. l'a envoyé sur
la terre, il y a apporté des langues
de feu, c'est-à-dire des langues d'a-
mour, qui ne s'entendent que par
ceux qui aiment. Si elles font impression dans le cœur , on en verra
bien-tôt les effets , & on répondra
par amour à ce langage d'amour.

Jean c.
16. v. 2.

Actes c.
2. v. 3.

R iij

On aura de la joie de pouvoir participer en quelque chofe à la Croix
de Jefus-Chrift : fçachant, comme dit S. Pierre, que c'eft à quoi
l'on eft appellé. On ne fera point
furpris de fe voir expofé à endurer
beaucoup de fouffrançes. Il eft utile d'avoir à confidérer en ce tems-
ci ce qui pourroit nous arriver, afin
de voir en quelle difpofition nous
fommes fur ce fujet. L'exil ne nous
doit pas être nouveau : nous l'a-
vons déja éprouvé par expérience,
& nous pouvons encore être dans
cet etat. C'eft à nous à voir fi,
lorfque nous en entendons parler,
c'eft le S. Efprit qui nous parle a-
vec une langue de feu ; car fi cela
eft, nous y répondrons en aimant,
& nous ferons prêtes à embraffer
toutes les croix qu'il nous préfen-
tera. Nous ne nous troublerons
point, parce que lui - même nous
donnera la paix, & nous comman-
dera de ne nous pas troubler, comme Jefus-Chrift fit aux Apôtres la
veille de la plus grande tentation.

Nous regarderons les maux dont
on nous menace, non avec effroi,
mais avec humilité, demandant à
Dieu qu'il aide notre foibleſſe, &
nous donne la grace de les ſupporter. Peut-être n'y ferons-nous pas
expoſées, parce que nous ne le méritons pas, & que notre vie n'eſt
pas aſſez ſainte pour arriver à un
ſi grand bonheur. Car, ſelon Saint
Pierre, il faut avoir paſſé par d'autres dégrés de vertu pour arriver à
celui de la patience ; & il veut
qu'on apporte toute ſorte de ſoins
pour acquerir cette vertu, dont il
fait le dénombrement dans la ſeconde Epître que nous avons lue
aujourd'hui à Matines. Il nous ap-
apprend ce que c'eſt que ſuivre Jeſus-Chriſt, & qu'on ne le fait qu'à
proportion qu'on tend à la perfection, & que le deſir du ſalut nous
porte à regarder le Sauveur comme le modele de la plus parfaite
vertu que nous devons imiter afin
d'avoir part au ſalut qu'il nous a
mérité. Il nous apprend en deux

II. Fpit.
ch. 1.

R iiij

paroles dans son Evangile ce qui
peut nous assurer ce salut, qui nous
doit être si précieux , en disant que
celui qui croira . . . sera sauvé. Que
veut dire cette décision si breve ?
Rien ne nous est plus important
que d'être certain de ce que nous
pouvons espérer en ce point. Mais
afin que nous ne nous y mépre-
nions pas , le Fils de Dieu nous
donne des signes, par lesquels nous
pouvons connoître si nous avons
de la foi. Il dit que les miracles
accompagneront ceux qui auront
cru , qu'ils chasseront les démons
en son nom , qu'ils parleront di-
verses langues, qu'ils prendront
les serpens avec la main ; s'ils boi-
vent quelque breuvage mortel , il
ne leur fera point de mal ; ils imposeront les mains sur les malades,
& les malades seront guéris. Il me
semble que ces signes ont rapport
avec les vertus que S. Pierre marque qui doivent accompagner la
foi , & il nous est important de
voir si nous pouvons nous assurer

* Marc c. 16. v.16.

v. 17.

de les avoir. Le même Apôtre veut que nous ayons toute ſorte de ſoins, il uſe même du terme de ſollicitude pour aſſurer notre ſalut, & en avoir quelque preuve. Il ſeroit à craindre pour nous que nous fuſſions ſurpriſes par l'heure de la mort ſans cela. Voyons donc ſi nous reconnoîtrons en nous les effets de la vertu que demande Saint Pierre, & les ſignes que J. C. nous apprend qui doivent accompagner la foi de ceux qui croient en lui. *Apportez de votre part, dit-il, toute ſorte de ſoins pour joindre à votre foi la vertu, à la vertu la ſcience, à la ſcience la tempérance, à la tempérance la patience, à la patience la piété, à la piété l'amour de vos freres, à l'amour de vos freres la charité.* Voilà pluſieurs dégrés de vertu ; mais il faut qu'ils ſe trouvent en nous, pour rapporter le fruit des bonnes œuvres que Dieu nous demande, après nous avoir donné la grace de la foi, qui eſt comme la ſemence du ſalut. Cette ſemence eſt jettée en

II. Epit. ch. 1. v. 10.

v. 5.

Matth. ch. 13.

différentes terres : néanmoins on peut dire qu'il n'y en a que deux for-tes, fçavoir celle qui eft ftérile, ou celle qui rapporte du fruit. Il n'y a de même que deux fortes de perfon-nes au monde, les élus & les reprou-ves. Quoique nous ne puiffions pé-nétrer dans les fecrets de la prédefti-nation pour fçavoir de quel nom-bre nous fommes, il eft néceffaire néanmoins que nous nous mettions en peine de connoître fi nous avons en nous quelque marque qui nous puiffe faire efperer la miféricorde de Dieu, & pour cela il ne faut pas fe repofer fur l'innocence que l'on peut prétendre avoir confer-vée; car nul homme n'eft juftifié devant Dieu; mais il faut recon-noître que nous fommes coupables, & ne pas oublier nos péchés, de peur que Dieu ne s'en fouvienne pour les punir; car ils ne nous ont été remis qu'à condition que nous ne ferons pas des arbres ftériles & infructueux, mais que nous rap-porterons de dignes fruits de péni-tence; & ces fruits confiftent dans

Rom. c. 3.

Luc ch. 3. v. 8.

toute forte de bonnes œuvres, qui nous font exprimées dans cette chaîne de vertus, dont S. Pierre nous fait la defcription, comme je vous l'ai déja dit. Le foin & la follicitude avec laquelle il nous exhorte de nous appliquer à chercher des affurances de notre vocation, marque qu'une perfonne chretienne doit avoir foin que toute fa conduite foit fage, réglée & honnête. Mais parce que cela eft bien general, il en fait l'application, en difant qu'il faut joindre à la foi la vertu. Et pour faire le rapport de ces paroles avec celles du Fils de Dieu dans l'Evangile, nous y pouvons remarquer les mêmes vérités. Le Fils de Dieu dit, que celui qui a la foi la fait connoî-tre par plufieurs fignes, dont le premier eft de chaffer les démons en fon nom. Comment les peut-on chaffer? Si Dieu nous fait con-noître par la foi qu'il n'y a point de plus grand malheur pour nous que de leur être affujetties, & nous

Marc. c. 16. v. 17.

donne la vertu, c'eſt-à-dire la force & le courage pour ſecouer leur joug, & renoncer à leur empire. Et comment cela ſe fait-il ? ſi ce n'eſt en retranchant de la conduite de la vie tout ce qui a encore quelqu'apparence de la domination du démon qui regne & qui commande abſolument dans les perſonnes qui n'ont pas ſoin de réſiſter à leurs inclinations déréglées, & qui ſe laiſſent gouverner par leurs paſſions. Il eſt ce fort-armé qui poſſede en paix un cœur dont il a uſurpé l'empire, juſqu'à ce que Jeſus-Chriſt plus fort que lui briſe les armes dans leſquelles il ſe confioit, c'eſt-à-dire, qu'il change le déreglement des paſſions, en convertiſſant & retournant véritablement le cœur vers lui. C'eſt le premier effet de la foi de faire changer de conduite aux perſonnes qui ſont converties : ſans cela tout ce qui a apparence de converſion eſt faux, & ne ſert qu'à tromper. C'eſt pourquoi il faut gémir, & ne ſe

Luc. c. 11. v. 22.

pas imaginer qu'on foit converti
s'il n'y a pas de changement de vie.
Mais ce n'eft pas tout : il faut parler de nouvelles langues ; & c'eft
ce que S. Pierre appelle joindre la
fcience à la vertu. Une perfonne
qui n'a qu'une conduite fage & bien
réglée n'ira pas loin, fi elle n'a des
principes qui lui faffent juger des
chofes d'une nouvelle maniere, en
appellant par un nouveau langage
les afflictions, les perfécutions, les
fouffrances & les croix de véritables biens. Cette maniere de parler eft à la vérité bien éloignée de
celle du monde : mais les perfonnes qui ont appris par la fcience
du S. Efprit à juger des chofes felon la foi, les doivent confidérer
d'une maniere toute oppofée à ce
difcernement que le monde en fait.
Il eft bon que nous nous exami-
nions nous - mêmes là - deffus, &
que nous voyons , après que Dieu
nous a touchées, fi nous avons des
fentimens bien différens de ceux
que nous avons eu , & que nous

voyons dans les perſonnes du monde.

Les ſentimens qui ne ſont que naturels ſont bien éloignés des ſentimens que Dieu donne aux ames qu'il touche par ſa grace. C'eſt une miſéricorde qu'il n'accorde pas à tout le monde : mais quand il nous la fait, il faut tâcher de retenir ce langage du S. Eſprit, pour nous en ſervir dans le tems de la tentation, où nous ne le parlerons pas, ſi nous ne nous le ſommes rendu familier par une ſainte habitude. Pour cela il faut tâcher d'oublier le langage de la chair & du ſang, & ne le point écouter dans les tentations, puiſque c'eſt par là que nous ſommes vaincues, lorſqu'au lieu de fermer les oreilles de notre cœur pour ne point entendre, nous nous arrêtons à raiſonner avec la tentation, qui nous ſurprend après, ſans que nous nous en appercevions. Il faut au contraire conſulter le S. Eſprit, qui ſeul peut nous apprendre la ſcience du ſalut, par laquelle nous remporterons la victoire ſur les démons & ſur l'enfer. Cette ſcience nous inſtruit à l'abſtinence, à laquelle S. Pierre nous exhorte, qui eſt ce que l'Evangile appelle faire mourir les ſerpens, c'eſt-à-dire, étouffer dans ſon cœur la complaiſance & la vanité que la ſcience humaine inſpire, & qui eſt oppoſée à la ſcience du S. Eſprit, qui retranche toute ſorte de ſatisfactions que l'on peut prendre à ſe produire & à chercher la gloire, parce qu'elle n'appartient qu'à Dieu.

On garde véritablement l'abſtinence, quand on retranche du cœur tous les vains plaiſirs que l'homme trouve à ſe nourrir de la vanité, par la corruption qui eſt en lui. Les plaiſirs ſont comme des ſerpens pleins de venin qui donnent la mort à l'ame, qui ne devient capable de ſe nourrir de la vérité, que lorſqu'elle a renoncé à la vanité, par l'exercice d'une mortification & d'un anéantiſſement con-

tinuel qui lui procure la paix en
l'affujettiffant à Dieu : c'eft ce que
S. Pierre appelle joindre la patience à la temperance. La temperance
marque un exercice laborieux ; car
on ne fe prive point de ce qui plaît
à l'efprit, qu'il n'en coute beaucoup
pour réfifter à la cupidité : mais
la patience marque un état tranquille , & plus parfait , où ayant
déja affujetti les paffions, on ne fait
plus que fouffrir de la part de Dieu
ou des hommes , ce qu'il permet
qui nous arrive. Quand on eft venu à cet état, les maux, les oppro-
bres , la pauvreté , les pertes & les
afflictions ne paroiffent plus difficiles à fupporter ; parce que l'habitude que l'on a prife à fe mortifier , & à renoncer à foi-même , en
retranchant à la nature & aux fens
toute forte de plaifirs , fait que l'on
eft à l'épreuve de ce qui leur eft
contraire ; & on n'eft point furpris
de fe voir engagé à fouffrir , étant
perfuadé qu'il n'y a rien que cela
de bon au monde pour des perfonnes

fonnes qui fçavent qu'elles feront
d'autant plus heureufes en l'autre,
qu'elles auront fouffert davantage dans celui-ci. La vie religieufe
doit nous avoir accoutumées à cet
exercice de la pénitence, & nous
mettre en état de fouffrir toute forte de maux, & de foutenir les plus
grandes perfécutions, qui eſt ce
que l'on peut appeller felon l'E-
vangile, boire un breuvage mortel, fans en recevoir du mal. Il
eſt certain que ce qui feroit capable
de renverfer une perfonne foible
qui ne s'appuie que fur elle-même,
devient un fujet de mérite à une
perfonne, qui par un long exercice
de patience & de renoncement
d'elle-même, s'eſt mife en état de
pouvoir efpérer que Dieu prendra
d'autant plus de foin d'elle, qu'elle
ne craint que de s'éloigner de lui,
& ne defire que de lui plaire. *La* ⸺ᵃ Ecclef.
calomnie trouble le fage, felon la pa- c. 7. v. 8.
role de l'Ecriture ; à plus raifon le
fou : mais elle ne bleffe point celui
qui par le mépris qu'il a fait de la
S

gloire, s'eſt élevé au-deſſus de lui-même. Les perſécutions qui ſont arrivées dans l'Egliſe en pluſieurs ſiécles, ont ſervi à couronner les uns, & à perdre les autres. Ceux qui ont aimé Dieu & qui ont renoncé à toutes choſes pour l'amour de lui, y ont remporté la victoire, dans le tems que ceux qui n'aimoient qu'eux-mêmes, y ont trouvé un ſujet de chute & de ſcandale. Tout ce que nous avons à faire eſt de nous affermir dans la foi & dans l'exercice de la patience & des bonnes œuvres, afin de nous préparer aux tentations qui nous peuvent arriver. Nous ne ſçavons ſi ce ſera de la part de Dieu, ou des hommes. Nous pouvons être ſurpriſes par quelque grande maladie : la perſécution deviendra peut-être plus forte. Quoi que ce ſoit qui nous arrive, il ne nous eſt pas permis de craindre, ou de nous troubler. Il faut avoir confiance en Dieu, & être perſuadées qu'il eſt fidéle. Non ſeulement il ne permettra pas

que nous soyons tentées au-dessus
de nos forces ; mais il nous fera
trouver l'avantage dans la tentation. Il est marqué dans l'Ecriture
sainte au Livre des Nombres, qu'on
prononçoit certaines malédictions
& imprécations contre les personnes qui étoient accusées de quelques crimes énormes ; mais elles
n'avoient de force que contre les
coupables, & celles qui étoient innocentes n'en recevoient aucun mal.
La même chose arrive dans les
tentations. Elles tuent & précipi-
tent dans la mort les ames qui sont
coupables & qui aiment quelque
chose plus que Dieu ; mais pour
celles dont la charité est plus parfaite, les épreuves & les afflictions
les fortifient & les affermissent davantage. Si on les craint, c'est une
marque qu'on est coupable. Il les
faut recevoir de la main de Dieu,
comme un breuvage que lui-même
nous présente. Nos ennemis ont
beau s'efforcer d'y mêler du poison,
ils ne sçauroient nous nuire, si

I. Cor.
c. 10. v.
13.

Ch. 5.

nous sommes fermes dans la confiance en Dieu, & dans l'amour de sa Vérité, qui est ce qu'on peut appeller aussi la piété qui nous attache à Dieu par un amour tendre & sincere, en sorte que nous trouvions en lui tout notre plaisir, & que nous n'estimions rien après lui.

S. Pierre ajoute à la piéte l'amour des freres; & Jesus-Christ exprime la même chose dans l'Evangile, en disant que ceux qui ont la foi imposeront les mains sur les malades, & que les malades seront guéris. Il nous fait entendre par là que l'amour du prochain fait partie de la charité, & qu'on ne doit pas se persuader qu'on aime Dieu, quand on manque d'amour pour ceux qu'il nous commande d'aimer à cause de lui. Il faut prendre garde néanmoins, que si on rapporte à soi-même, ou à la créature l'amour que l'on a pour ses freres, il est séparé de la charité; & par conséquent il n'est plus digne de Dieu, non plus que les autres

vertus qui ſont des vertus humaines, lorſqu'elles n'ont point Dieu
pour principe & pour objet. C'eſt
pourquoi ce n'eſt pas ſans raiſon
que S. Pierre nous dit d'ajouter la
piété à la vertu, à la ſcience, à la
temperance, à la patience, & d'a-
jouter l'amour de nos freres à la
piété; parce que c'eſt la piété qui
rapporte à Dieu toutes les vertus,
& que nous ne ſerons point capables d'aimer nos freres pour Dieu,
ſi nous ne le regardons en tout, &
ſi nous n'avons ſoin de rapporter
tout à lui. Toutes les vertus, quel-   I. Cor.
ques grandes qu'elles puiſſent être c. 13.
deviennent inutiles, ſi elles ſont
ſéparées de la charité, qui nous les
fait pratiquer par l'eſprit de piété &
dans la vue de Dieu ſeul. Les moindres choſes faites par cet eſprit,
deviennent grandes devant Dieu,
& les plus grandes ſont moins que
rien, ſi elles n'en ſont pas animées.
On le voit par les payens, dans
leſquels il s'eſt rencontré quelquefois de très-grandes qualités qui

leur ont fait pratiquer les vertus les
plus heroïques, mais inutilement
pour eux ; parce que n'ayant point
connu Dieu, tout ce qu'ils ont fait
de plus éclatant n'a été que pour la
vanité & s'eſt évanoui comme la
fumée. Cette expreſſion du Fils de
Dieu : Ils impoſeront les mains ſur
les malades, nous doit faire comprendre que ce n'eſt pas aſſez de
dire qu'on a de l'amour pour ſes
freres dans le fonds du cœur, &
qu'il ne ſuffit pas de leur en donner
des aſſurances par la parole, mais
qu'il faut impoſer les mains, c'eſt-
à-dire donner bon exemple, & témoigner par des œuvres, que c'eſt
véritablement qu'on les aime, &
qu'on les veut ſoulager. Tout le
monde ne doit pas ſervir le prochain par la parole, il n'appartient
d'inſtruire qu'à ceux que Dieu appelle à cette fonction ; mais pour
le bon exemple, il n'y a perſonne
qui ne le puiſſe, & ne le doive
donner au prochain. Et on peut
dire qu'une Religieuſe qui travail-

leroit à pratiquer fidelement toutes les regles fans manquer à la moindre chofe, pourroit guérir toute une Communauté, fi elle a un véritable zéle pour l'avancement de fes Sœurs. C'eft en cette maniere qu'on peut procurer leur falut, & qu'on doit les fervir beaucoup plus utilement qu'on ne feroit par des paroles, que toute forte de perfonnes ne font pas toujours difpofées à écouter, & dont il y en a qui fe bleffent ; au lieu que le bon exemple ne bleffe point & profite toujours, fi l'on agit par une charité accompagnée d'humilité qui faffe regarder Dieu en toutes chofes, & defirer pour fa gloire l'avancement du prochain. C'eft ce qui rendra la vertu ftable & d'autant plus féconde qu'on ne fe bornera pas à defirer le bien pour foi-même; mais qu'on étendra fon zéle fur tous ceux qui doivent compofer avec nous un même Corps qui forme l'Eglife & l'Epoufe du Fils de Dieu. Les perfonnes qui ne fon-

I. Cor.
c. 10. v.
19.

gent qu'à elles-mêmes font comme des arbres ftériles qui ne portent point de fruit dans la vigne du Seigneur ; au lieu que celles qui aiment leurs freres travaillent pour elles-mêmes en travaillant pour les autres. Vous voyez bien que cela renferme l'inftruction que l'on vient de nous donner dans la lecture qui nous a été faite.

Mais je ne puis en finiffant m'émpêcher de vous prier de faire réflexion fur une parole que nous dit hier M. le Cure de S. Benoît, qu'il a remarqué que Saint Chrifoftôme dit ; qu'il eft étonné fi quelque Prêtre eft fauvé. Il ne faut pas s'imaginer que l'on fe fantifie davantage dans un état plus faint. Cela devroit être ainfi ; mais parce qu'on n'apporte pas un cœur vraiment faint & tout-à-fait purifié à un état qui demande la fainteté, il arrive fouvent tout le contraire, & au lieu de s'y fantifier, on devient plus coupable. Que cette penfeé donc nous tienne dans

Traité du Sacerdoce.

la

la crainte , & nous recueille pour
nous porter à conſidérer à quoi nous
engage la vie religieuſe à laquelle
Dieu nous a appellées, & qui eſt un
état en quelque ſorte auſſi relevé
pour les perſonnes de notre ſexe ,
que le Sacerdoce l'eſt pour celles
de l'autre. Apportons donc toute
ſorte de ſoin pour aſſurer notre vocation , comme nous y exhorte
S. Pierre , c'eſt-à-dire , pour voir
ſi nous vivons d'une maniere digne de cet état. Il ne faut pas nous
repoſer pour cela ſur l'eſtime que le
monde peut avoir de nous. On voit
ſouvent qu'une vie reglée , ſage &
eſtimée de pluſieurs ne met pas en
aſſurance devant Dieu. Il faut que
chacun ſe juge par rapport aux obligations & aux graces qu'il a reçues,
& non ſur les apparences vaines
qui ne ſervent qu'à tromper ceux
qui s'y appuyent. Demandons à
Dieu qu'il nous inſpire & nous faſſe
connoître le bien qu'il demande de
nous , & qu'il nous donne la grace
de l'accomplir , ſans quoi nous re-

T

tomberons toujours dans nos propres ténébres & dans la négligence.

❀❀❀❀❀❀❀❀❀❀

SUITE DES AVIS

DE LA R. M. AGNE'S

Pour les Religieuses exilées.

» SI L'ON communie moins fou-
» vent dans le Monaftere où
» nos Sœurs feront exilées, que
» nos Conftitutions l'ordonnent,
» elles fuivront la coutume de
» cette Maifon, au cas qu'on le
» leur permette ; finon elles fe con-
» tenteront de communier tous les
» huit jours, & moins encore fi on
» vouloit y mettre plus d'interval-
» le. Elles fe regarderont dans un
» état de pénitence, pendant le-
» quel l'Eglife privoit de la fainte
» Communion, jufqu'à ce qu'on
» eût entierement accompli le tems
» qu'elle avoit preferit pour cette
» féparation, & elles confidere-
» ront encore que la réitération des

» Communions n'est pas nécessaire
» de la part de la Communion mê-
» me qui n'a pas un effet limité par
» le tems , & dont une seule par-
» ticipation peut être suffisante
» pour toute la vie , comme il ar-
» riva à cette grande Sainte, en qui
» il y eut quarante - sept ans d'in-
» tervalle après la premiere Com-
» munion qu'elle fit , jusqu'à celle
» qu'elle reçût proche de sa mort ,
» & tant de saints Anachorettes
» qui ont tant aimé la solitude ,
» quoiqu'elle leur ôtât le moyen
» de communier que fort rarement,
» parce qu'elle leur donnoit en mê-
» me-tems l'avantage de conserver
» le fruit de la Communion qui
» leur étoit toujours présente. Leur
» union avec Dieu n'étoit point
» interrompue , mais plutôt aug-
» mentée par une ferveur d'esprit
» qui les empêchoit de se relâcher
» jamais dans les exercices de
» leur charité & de leur amour en-
» vers Dieu. Ce sera une marque
» que nous aurons la connoissance

Ste Marie d'Egypte.

T ij

» & l'eftime du pouvoir & de l'ef-
» ficace de la grace gravée dans le
» cœur, fi nous croyons qu'elle eft
» indépendante de tous les moyens
» dont elle fe fert d'ordinaire pour
» fe communiquer aux ames; qu'el-
» le fupplée à tout, & qu'elle a la
» même vertu que la parole de
» Dieu, de laquelle il dit lui-mê-
» me qu'elle ne retourne point en
» vain, qu'elle fera tout ce qu'il
» lui plaira, & qu'elle réuffira
» dans toutes les chofes pour lef-
» quelles il l'a envoyée. Cette pa-
» role qui n'eft autre chofe que la
» volonté & la grace de Dieu,
» doit être le partage des ames qui
» fe voient dépouillées de tous fes
» autres biens, qui font plutôt des
» faveurs qu'elles reçoivent de lui,
» que des témoignages qu'elles lui
» donnent de leur reconnoiffance
» & de leur fidélité pour fes bien-
» faits ; & puifque l'Ecriture ne
» veut pas qu'on ait la main fer-
» mée pour donner, après l'avoir
» eu ouverte pour recevoir, elles

Ifaïe c.
55. v. 11.

Eccli. c.
4. v. 36.

» ouvriront leur cœur à Dieu
» pour être rempli de toute l'amer-
» tume qu'il lui plaira d'y répan-
» dre, de même qu'il avoit ou-
» vert sa main pour les remplir de
» bénédictions : ce qui les oblige
» de dire avec cet homme admira-
» ble que Dieu a donné à son E-
» glise pour exemple de patience :
» *Si nous avons reçu les biens du Sei-* Job c. 2.
» *gneur, pourquoi n'en recevrons-nous* v. 10.
» *pas les maux.*

❋❋❋❋❋❋❋❋❋❋❋❋❋❋❋❋❋❋❋❋❋❋❋

REFLEXIONS

DE

LA R. M. ANGELIQUE

Sur les avis précédens.

LA VÉRITÉ est tellement la Le 1 Juin
même, que les instructions que 1680.
l'on donne pour les tems extraordinaires ne sont point différentes
de celles que l'on donne pour tous
les tems de la vie; elles doivent être
établies sur les mêmes principes,

Celles que l'on vient de nous donner pour approcher de la sainte Communion, ou pour en souffrir la privation si on nous la refuse, doivent nous servir en tout tems. Il est certain qu'il n'y a rien qui nous doive être si précieux & qui nous puisse être si utile que cette faveur qui nous est souvent accordée : mais il faudroit s'appliquer à reconnoître pourquoi on en profite si peu. Nous sommes des vases que Dieu remplit sans cesse, & qu'il a créés pour recevoir ses bienfaits. Mais d'où vient que nous ne sommes pas remplies, sinon parce que nous n'avons pas de reconnoissance, & que nous ne conservons pas assez de sentiment des bienfaits que Dieu nous accorde ? Nous sommes comme des vases entr'ouverts qui ne peuvent contenir ce qu'ils reçoivent. Dieu se communique à nous en toute sorte de manieres, & il y a plusieurs sortes de bienfaits; mais on peut dire qu'il n'y en a point de plus grand que celui de la sainte Communion. C'est là que nous sommes comblées de biens, & que nous puisons la grace dans sa source. Il faudroit donc nous demander à nous - mêmes pourquoi nous n'en sommes pas remplies, puisque nous avons le bonheur d'y participer si souvent. Je ne sçais si on ne pourroit point alléguer pour raison ce qui nous est dit dans la lecture qu'on vient de nous faire : que » nous avons la main ouverte pour » recevoir , & fermée pour don- » ner. » Nous ne pensons point à ce que nous devons rendre à Dieu, & nous prétendons souvent qu'il nous doit donner tout ce que nous souhaitons ; & comme si nous avions un droit acquis pour exiger de lui ce que nous demandons , nous osons bien nous plaindre, s'il manque de nous l'accorder , quoique nous soyons assez instruites que s'il refuse ou qu'il differe de nous accorder ce que nous voulons, c'est pour notre bien & notre avantage.

Nous aurions peine dans la vie

civile à supporter les unes des autres une conduite semblable à celle
que nous tenons à l'égard de Dieu.
On ne sçauroit souffrir une personne qui demande toujours, & qui
n'est jamais disposée à donner ce
qu'elle doit. Pour conserver la so-
ciété entre les hommes il doit y a-
voir une communication de biens
qui les porte à se donner mutuel-
lement, & à rendre ce qu'ils reçoivent. Si cela est vrai, que ne
doit-on pas donner à Dieu, &
quelle ingratitude faut-il avoir
pour manquer de reconnoissance
& refuser de lui rendre ce que nous
lui devons, nous qui recevons incessamment des effets de sa bonté.
Le Prêtre n'approche point de
l'Autel, que l'Eglise ne lui mette
dans la bouche ces paroles du Prophete : *Que rendrai-je au Seigneur
pour tant de bienfaits & de faveurs que
j'ai reçues de lui ?* Nous ne devrions
point approcher de la sainte Communion, ni recevoir aucune grace de Dieu, que nous ne nous mis-

sions en peine de lui rendre la reconnoissance qui lui est dûe. Mais
ne nous imaginons pas nous en acquitter par quelques mouvemens
& par quelques pensées. Ce n'est
pas qu'il n'en faille avoir ; mais
notre reconnoissance ne se doit pas
borner à si peu de chose. Elle doit
paroître non - seulement dans nos
paroles & dans nos pensées , mais
aussi par de véritables effets. Mais
que pouvons - nous rendre à Dieu
qui ne lui appartienne pas , & qu'il
ne possede sans nous. Il me semble que l'on peut dire que nous ne
lui rendons que ce que nous perdons pour lui. Si nous voulons lui
témoigner sincérement notre reconnoissance, perdons ce qu'il nous
a donné, c'est-à dire, ne nous l'at-
tribuons pas , donnons - lui toute
la gloire qui lui est due , & possé-
dons se bienfaits de telle sorte que
s'il vient à les retirer , & qu'ils
nous manquent , nous soyons dis-
posées à en porter la privation sans
nous plaindre & sans murmurer.

S'il nous a donné des affiſtances ſpirituelles, ayons ſoin d'en profi-ter; tâchons de nous les rendre u-tiles tant qu'il lui plaira de nous les conſerver; mais s'il vient à nous les ôter, laiſſons-le faire, & diſons du fond du cœur ces paro-les de Job : *Puiſque nous avons reçu les biens de la main du Seigneur, pour-quoi n'en recevrions-nous pas auſſi les maux ?* C'eſt oublier ſon bienfai-teur de ne pas penſer à lui rendre ce qu'on lui doit. J. C. dit dans l'Evangile : *Celui qui boira de l'eau que je lui donnerai n'aura jamais ſoif; & cette eau deviendra une fontaine d'eau qui rejaillira dans la vie éter-nelle.* Les bienfaits de Dieu ne nous appartiennent pas; il ne nous eſt pas permis de les poſſéder avec at-tache, ou de nous les attribuer : nous ne devons penſer qu'à en uſer, & à rendre à Dieu les actions de graces qui lui ſont dûes; & ſi cela eſt, nous ferons toujours dans la paix, ſoit qu'il nous les conſerve, ou qu'il nous les redemande. Nous

ne penferons qu'à les faire remonter vers lui, ou par notre reconnoiffance dans le tems qu'il nous
les laiffe, ou par foumiffion à lui
en faire un facrifice lorfqu'il les retire. Ne craignons point de les
perdre, en les rendant à celui qui
nous les a donnés : c'eft alors au
contraire que nous les poff…derons
en lui d'une maniere plus avanta-
geufe, & qu'ils deviendront dans
notre cœur cette fource qui rejail-
lit jufqu'à la vie éternelle : ils
rentreront dans leur fource ; mais
au lieu de nous vuider, s'ils font
en nous une fource de reconnoiffance, ils attireront pour nous
une nouvelle fource de miféricorde.

Les Saints qui font dans le ciel
font toujours difpofés, comme nous
l'apprend l'Apocalypfe, à mettre
leurs couronnes aux pieds de l'A-
gneau, & on entend fans ceffe des
voix céleftes qui difent, Rendons
gloire à notre Dieu. Mais quelle
gloire lui peut - on rendre dans le

Apocal,
ch. 7.

c. 19.

ciel ? N'en eſt il pas tout plein ? N'eſt-ce pas là où il la poſſede ſans que perſonne la lui raviſſe ? Il eſt vrai : mais parce qu'il eſt digne de toute gloire, les ſaints lui en rendent encore, en reconnoiſſant ſans ceſſe que c'eſt à lui qu'ils doivent tout ce qu'ils ſont & tout ce qu'ils poſſe-dent, & en aimant uniquement celui de qui ils ont tout reçu,& dans lequel ils s'anéantiſſent en vérité. C'eſt de cette maniere que les An-ges & les Saints glorifient Dieu dans le ciel. Mais pour eſpérer de le faire un jour avec eux dans l'é-ternité, il faut commencer dans le tems, en faiſant ce que dit David : *Calicem ſalutaris accipiam :* « Je » prendrai le calice du ſalut, & ui » immolerai une hoſtie de louange. Quelle ſera cette hoſtie ? ſinon nous-mêmes qui par la ſoumiſſion que nous rendrons à Dieu, lui ſa-crifierons continuellement tout ce que nous ſommes & tout ce que nous aimons, comme des hoſties agréables à ſes yeux. Mais prenons

..garde qu'une hoftie n'eft pas im-
molée qu'elle ne foit détruite. Nous
ne fçaurions être vraiment facri-
fiées, que nous ne foyons difpofées à être détruites. N'importe
de quelle maniere Dieu nous im-
mole, foit dans nos biens, foit en
notre perfonne, foit en ce que nous
aimons : il faut toujours être prêtes à nous immoler. Néanmoins il
faut remarquer que nous ne fçaurions achever notre facrifice fans le
feu du ciel. Et quel eft ce feu du
ciel ? C'eft l'ordre de Dieu & fa
volonté. Nous avons déja été privées de recevoir les Sacremens,
& nous avons éprouvé pendant ce
tems qui a été long, que Dieu ne
nous abandonnoit pas pour cela,
& que nous ne perdions pas fon
affiftance, qui nous fortifioit &
nous foutenoit d'une autre maniere. Nous ne devons point regarder
comme des pertes ce que Dieu nous
ôte par fon ordre ; parce que fi nous
nous y foumettons, nous trouverons dans l'obéiffance que nous ren-

drons à sa volonté autant de secours que nous en perdrons en apparence. De même on peut dire
que Dieu nous a mises par sa bonté dans un lieu où nous devons le
servir, & nous y a donné plusieurs
moyens que nous n'aurions pas ren-
contrés ailleurs. Ce sont des graces de Dieu que nous devons estimer, dont nous rendrions un grand
compte si nous venions à les perdre par notre faute, & dont nous
devons appréhender la moindre al-
tération. Les autres biens, & même ceux-là nous peuvent être ôtés,
sans que nous perdions rien, quand
c'est Dieu qui nous les retire ; mais
s'il nous les laisse, il n'y a rien que
nous devions conserver avec plus
de soin. Néanmoins si c'est la volonté que nous en soyons privées,
nous devons croire que le feu du
ciel qui descend pour nous les ravir
en apparence, ne fera que changer
ce secours en un autre plus spirituel, qui nous apprendra à être à
Dieu d'une maniere plus parfaite

dans la souffrance & dans la privation , que dans la plus grande
paix & dans l'abondance. C'est en
quoi il est important de se bien fortifier , pour établir son cœur de
telle sorte qu'on ne perde point la
confiance lorsqu'on se trouve exposé à ces sortes d'épreuves. Et
pour ne point parler des choses é-
loignées , voyons quel usage nous
faisons des privations où nous sommes présentement. Si nous sommes
de bonnes terres , cela n'arrivera
pas : au contraire les souffrant pour
l'amour de Dieu , nous en rappor- *Luc c. 8.*
terons le fruit par la patience qui
multipliera nos bonnes œuvres en
augmentant notre charité.

Pour ce qui est de la privation de
la conduite, qui est sans doute la plus
grande peine , je ne dis pas qu'on
n'en soit pas touchée : mais je dis
qu'on s'en afflige de telle sorte qu'on
y voie l'ordre de Dieu, & la nécessité de lui obéir & de se soumettre.
C'est une grande peine à la vérité,
mais ce peut être aussi une occasion

d'offrir à Dieu un grand sacrifice.
Nous ne pouvons pas douter qu'il
ne demande cela de nous, & ainsi
il n'y a pas autre chose à faire qu'à
adorer ses volontés & à lui rendre
ce qu'il nous ôte ; mais seulement
il faut voir combien nous avons
manqué dans l'usage que nous en
avons fait. Nous sommes sans doute persuadées que nous avons beaucoup abusé de cette faveur , & cela nous oblige à offrir à Dieu un
sacrifice d'expiation. Mais de plus
un si grand bienfait ne méritoit - il
pas une grande reconnoissance ?
Humilions-nous donc d'avoir manqué à la rendre à Dieu , & à nous
servir de ce qu'il ne nous avoit donné que pour nous unir à lui davantage. Mais souvenons-nous que ,
si nous usons bien des afflictions &
des privations , elles seront encore
plus puissantes pour nous unir à
lui , & elles nous disposeront davantage à profiter de la Vérité. Si
les ruisseaux nous paroissent se-
chés, la source n'est pas tarie , &
Dieu.

Dieu ne cesse de les faire couler,
qu'afin de nous obliger de remonter à la source, & de lui rendre
par là ce que nous avons reçu de
lui. C'est la disposition où étoient
les Apôtres après avoir reçu le S.
Esprit, & ce que J.C. leur avoit
prédit en disant : *Vous serez mes té-*
moins dans Jerusalem & dans toutes
les villes de Juda. Si Dieu nous fait
des graces, ne cherchons qu'à lui
rendre témoignage de notre reconnoissance par une oblation sincere
que nous lui ferons de nous-mêmes,
& de tout ce que nous aurons reçu
de lui. Ce sont des actions qui doivent être inséparables, que celles
de recevoir & celles de rendre.

L'Eucharistie à laquelle nous
avons le bonheur de participer si
souvent nous oblige de nous donner à Dieu sans reserve, comme il
n'a point de reserve en se donnant
tout entier à nous. Il ne faut point
attendre qu'il arrive des occasions
particulieres pour rendre ce témoignage. La reconnoissance nous en-

V

gage à n'en laiſſer paſſer aucune de celles où nous pouvons ſouffrir quelque choſe pour témoigner à Dieu qu'il n'y a rien que nous ne ſoyons prêtes de lui rendre ; & c'eſt par là qu'il doit y avoir , pour ainſi dire , un commerce perpetuel entre Dieu & nous qui faſſe que , comme il ne ceſſe point de nous communiquer ſes graces , nous ne ceſſions point non plus de lui rendre notre reconnoiſſance.

L'application continuelle d'une ame chretienne doit être de rendre ſans ceſſe à Dieu ce qu'elle lui doit. Cependant toute notre vie eſt remplie de fautes: nous les accuſons ſouvent ; mais parce que nous n'avons pas aſſez de reconnoiſſance , nous ne nous en corrigeons puint. Nous avons beaucoup reçu & nous ferons jugées ſur le profit que nous aurons fait de ſes graces. On ne juge pas d'un arbre par la bonté de la terre dans laquelle il eſt planté , par le ſoleil auquel il eſt expoſé , ni par le ſoin de celui qui le cultive ; mais par le fruit qu'il rapporte. Si tous ces avantages lui font inutiles, il eft encore plutôt arraché, comme n'étant propre à rien. Ne nous contentons donc pas de voir que nous fommes en un bonne terre. C'eft avoir reçu, & non avoir donné. Voyons plutôt ce que nous avons à préfenter. Il faudroit que nous euffions foin de recueillir chaque jour quelque chofe de la pratique de la vertu, comme de renoncer à nous-mêmes, de nous humilier, de réprimer quelqu'unes de nos paffions, de fupporter le prochain, de combattre quelque mauvaife habitude, &c. Mais il eft à craindre qu'au contraire il ne fe paffe des journées dans un fi grand vuide que cela approche de la fterilité. Si nous n'avons point foin de cultiver notre ame, elle ne rapportera pas de fruit. Non-feulement il la faut cultiver, mais il faut avoir foin d'en arracher toutes les mauvaifes plantes, qui font les pro ductions de la cupidité, & il faut encore l'arroſer en priant le S. Eſprit qu'il y repande la pluie de ſa grace & de ſon onction ſainte; ſur-tout il faut fuir la négligence qui eſt le ver des ames, & qui en tue une infinité. Si on ne veille pour l'éviter, il n'y a rien de plus aiſé que d'y tomber. On ſe trouve dans la tiédeur, ſans ſçavoir preſque comment on y eſt entré. Demandons qu'il ne permette pas que nous tombions dans ce malheur, & qu'il nous faſſe la grace de renouveller nos réſolutions, & de travailler fortement à les exécuter; & qu'il n'y ait point de tems que nous ne ſoyons prêtes de lui rendre ce qu'il demande de nous. Les fruits rares & extraordinaires ſont ceux que l'on eſtime davantage. Il arrive quelquefois des occaſions extraordinaires qui font voir quelle eſt la ſolidité de la vertu; mais c'eſt à Dieu à nous les choiſir, & pour nous nous devons être bien aiſes d'en rencontrer de nous hu-

milier, & de témoigner à Dieu
notre reconnoiffance par notre a-
néantiffement, en choififfant toujours le dernier rang & ce qu'il y a
de plus bas, comme il nous l'ordonne dans fon Evangile.

Luc c.
14. v. 10.

SUITE DES AVIS

DE LA R. M. AGNE'S

Pour les Religieufes exilées.

» NOs Sœurs ne s'adrefferont
» point au Confeffeur du
» Monaftere où elles feront exilées,
» pour lui communiquer leurs pei-
» nes, encore qu'il leur témoignât
» de la charité, n'y ayant rien de
» quoi elles fe doivent garder da-
» vantage que de *croire à tout efprit.*
» Elles doivent faire état qu'on leur
» tendra des pieges de toutes parts
» pour tâcher de les gagner par a-
» dreffe, fi on ne le peut faire par
» autorité, & que leur défenfe

1. Jean
c. 4. v. 1.

» consiste à ne point ouvrir leur
» cœur, sinon à Dieu, qui les pré-
» servera de s'égarer en sortant de
» leur voie. Qu'elles prennent pour
» devise les paroles d'un Prophe-
» te : Ma force sera dans le silence
» & dans l'espérance, puisque ne
» parlant point à des étrangers, de
» qui elles ne doivent point en-
» tendre la voix, leur espérance
» dans la conduite intérieure que
» Dieu leur donnera ne sera point
» confondue.

Isaïe c.
30. v. 15.

REFLEXIONS
D E
LA R. M. ANGELIQUE

Sur les avis précedens.

Le 4.
Juin.

CET avis est si important que
nous n'avons pas crû qu'il en
fallût lire d'autre. Il faut faire é-
tat qu'en tout tems on doit toujours
suivre les mêmes principes. On
suppose ici une occasion qui ne se

rencontrera peut-être pas ; mais
quand elle ne devroit pas arriver,
toutes les vérités qui y sont rap-
portées sont fondées sur des maximes qui ne changent point. La
premiere est celle de ne pas croire
à tout esprit : la seconde de ne pas
suivre la voix des étrangers : la
troisiéme de ne se pas laisser gagner par la douceur & les caresses.
Nous avons des ennemis qui nous
livrent la guerre en tout tems , &
qui cherchent à tout moment à nous
faire tomber dans leurs pieges. La
persécution intérieure des ennemis
invisibles de notre salut est bien
plus dangereuse que celle que nous
souffrons extérieurement , qui ne
nous sert, ou ne nous nuit qu'autant
que nous avons d'avantage ou de
perte dans celle qui est intérieure.
Il faut prendre garde que ce qui la
rend plus dangereuse est qu'on ne
nous attaque pas par la violence ;
mais par des artifices secrets , contre lesquels nous devons être toujours attentives à nous défendre.

Une des raisons pourquoi on est vaincu, c'est qu'on ne se précautionne pas assez contre la séduction. Considérons donc ces maximes par rapport à l'état où nous sommes. les Maisons religieuses doivent être établies pour combattre, & on y doit trouver des armes pour se défendre contre les hommes & contre les démons. Il nous est recommandé de ne pas croire à tout esprit, parce que nous ne devons attendre la lumiere des hommes, qu'autant que Dieu leur en donne pour nous, & qu'elle ne leur vient que par la communication qu'ils ont avec lui. Quand Moyse alla écouter Dieu sur la montagne, & recevoir sa Loi pour la donner au peuple, il en descendit ayant le visage tout éclatant de lumiere. Ce n'est pas en conversant avec les hommes, mais en parlant à Dieu, qu'on reçoit sa lumiere intérieure, & qu'il se communique à nous. Quand on se tient éloigné du feu, on en reçoit peu de lumiere & de chaleur

chaleur ; mais quand on en approche de plus près , on participe davantage à fa lumiere , & on eft plus
échauffé de fon ardeur. Il en eft de
même quand on s'approche de Dieu
qui eft la véritable lumiere. Le
feu de la charité embrafe une ame
qui cherche en lui ce qu'elle ne
trouve point en elle-même,& la lumiere de fa vérité diffipe toutes les
ténebres. Mais fi elle eft affez malheureufe pour fe repofer fur un
bras de chair, & pour attendre de
la créature ce qu'elle ne peut recevoir que de Dieu, elle n'aura point
de paix & de confolation intérieure , parce que moins nous fommes
unies à Dieu, & plus nous fentons
le poids de notre propre mifere ,
qui nous rend quelquefois infup-
portables à nous-mêmes. Dans cette difpofition de fécherefe & de
dégoût intérieur, il n'eft pas extraordinaire qu'on cherche quelque foulagement ; & c'eft alors
qu'il faut bien prendre garde de ne
pas croire à tout efprit, & à ne pas

X

mettre fon efpérance en l'homme, puifque c'eft par là qu'on eft confondu. Il faut retourner à Dieu, qui eft la véritable lumiere & le Dieu de toute confolation, puifqu'il n'y en a point de folide que celle qui vient de lui, & que nous n'attendons pas de la créature. Ce feroit fe tenter foi-même de vouloir chercher quelque fecours dans des Directeurs étrangers. Il faut profiter du malheur des autres. Nous fçavons que la ruine de la plûpart des Communautés eft venue d'avoir introduit un grand nombre de Directeurs, & pour avoir eu avec eux des communications trop fréquentes, qui dégénerent en mille inutilités, pour ne rien dire de plus. Cela n'arriveroit pas fi l'on etoit poffédé de cet amour intérieur qui fait qu'on fe contente de Dieu, & qu'on trouve tout en lui : mais parce qu'on eft tout extérieur, on veut trouver des confolations humaines, & on en veut trouver dans la conduite d'un Directeur.

Jerem. c. 17. v. 5.

II. Cor. c. 1. v. 3.

Nous avons appris d'une Communauté que chaque Religieuse y a une conduite particuliere. Ce n'est pas ce qui soutient les Communautés, mais ce qui les renverse. Notre force doit être dans le silence & dans l'espérance. La multitude des communications peut beaucoup nuire à des Religieuses qui les chercheroient pour se satisfaire elles mêmes, & parce qu'elles ne se seroient pas rendues assez familieres avec Dieu pour avoir recours à lui dans leurs besoins. Cela est si vrai, qu'il paroît par l'Evangile que c'est l'esprit même de la Religion chretienne. Voyez ce que J. C. dit aux Apôtres : *Si je ne m'en vais, le Consolateur ne viendra point, mais si je m'en vais, je vous l'envoierai.* Pouvoit-il y avoir une communication plus sainte & plus utile que celle que les Apôtres avoient avec Jesus - Christ ? & si lui-même ne l'avoit dit, pouvoit-on croire qu'il leur dût être avantageux d'en être privés ? Mais a-

Isaïe c.
30. v. 15.

Jean c.
16. v. 7.

près cela peut-on nier qu'il ne soit quelquefois nécessaire d'être privé de la conduite des personnes même spirituelles, lorsqu'on peut s'y attacher trop humainement, afin d'apprendre à ne chercher de confolation qu'en Dieu, qui ne manque pas de remplir de fon Efprit un cœur qui s'eft fépare de tout pour être à lui parfaitement? Ces paroles font les dernieres inftructions que le Fils de Dieu a données aux Apôtres. Mais comme fi ce n'eût pas été affez pour leur perfuader cette vérité qu'ils n'avoient peut-être pas encore pu comprendre, il envoie des Anges auffi-tôt après fon Afcenfion pour les avertir de ce qu'ils devoient faire; & ce qu'ils leur dirent eft remarquable. On le peut confidérer comme le dernier enfeignement que J. C. a donné aux hommes. *Pourquoi,* difent-ils, *vous arrêtez-vous a regarder au ciel? Ce Jefus qui en vous quittant s'eft élevé dans le ciel, viendra de la même forte que vous l'y avez*

Actes c. 2. v. 11.

vu monter. Qui croiroit que des personnes qui ne s'arrêtent qu'à regarder le ciel où ils ont vu monter Jesus - Christ , seroient repréhensi-
bles. Cependant il paroît que cela
est taxé d'aveuglement : & pourquoi ? C'est qu'ils doivent avoir
un autre objet que celui - là qu'ils
ne peuvent plus pénétrer. « Il
» viendra de la même maniere ,
Sic veniet. Voilà de quoi s'entretenir. Il faut penser à l'avenement
de Jesus-Christ , se préparer à aller au devant de lui , & non s'occuper d'une séparation à laquelle
il est inutile de penser , puisqu'é-
tant dans l'ordre de Dieu , il n'y a
rien à y opposer. Les Apôtres re-
gardoient le ciel où le Fils de Dieu
étoit monté , ils s'y appliquoient
par les sens ; & il faut que ce soit
la foi qui nous fasse considérer qu'il
y est monté , & nous fasse souvenir qu'il nous a dit que c'est pour
nous préparer le lieu. Mais comment y arriverons-nous? Ce sera par
les bonnes œuvres. Il nous en four-

Jean c.
14. v. 2.

X iij

nit les moyens en nous donnant occafion de les pratiquer. Occupons-
nous-y inceffamment, & craignons
de tomber entre les mains de la juftice avant que nous nous foyons
bâtis un lieu de refuge dans celles
de la miféricorde. D'où vient que
nous n'y travaillons point , &
qu'ayant en notre pouvoir tant de
matériaux pour y employer, qui
font les fouffrances , nous les laiffons perdre par notre faute ? C'eft
peut-être que nous nous attachons
trop aux confolations humaines, &
que quoique Dieu nous en pro-
mette d'éternelles & de véritables,
nous craignons de faire le change,
& de perdre les unes pour acquerir
les autres , comme s'il n'étoit pas
tout · puiffant pour accomplir les
promeffes qu'il nous a faites , &
que nous ne cruffions pas être affez
affurées fur les paroles de la vérité.
Si notre foi eft foible pour nous les
repréfenter fi vivement que nous
en foyons affez touchées pour les
voir déja des yeux de l'efprit , ne

laiſſons pas de les croire , & de
mettre en Dieu ſeul toute notre
confiance , ſans nous appuyer trop
ſur les perſonnes qu'il nous donne
pour nous conduire, & qui ne ſçauroient nous ſervir que ſelon ſon
ordre. Quelque capables qu'elles
puiſſent être , craignons de nous
attacher à elles , & de nous arrêter
à la créature , au lieu de nous en
ſervir pour nous porter à Dieu.
Mais ſi cela eſt néceſſaire en tout
tems , & même à l'égard des perſonnes ſaintes & éclairées, comme
celles que Dieu nous a données, il
l'eſt beaucoup plus dans des occaſions comme celles de la perſécution , où il eſt facile d'abuſer de la
conduite : & c'eſt pourquoi je ne
puis m'empêcher d'en dire un mot.

Il eſt vrai qu'on tire un grand
avantage de la direction des perſonnes remplies de l'Eſprit de
Dieu : mais cependant je ne ſçais
comment on s'accoutume à entendre la vérité , & à n'en être pas
touché, ou à l'écouter d'une ma-

niere toute extérieure , s'arrêtant à ce qu'il y a qui peut plaire aux fens. Je crains bien que fi cela eft, on ne foit en danger de fe laiffer furprendre. Jefus - Chrift nous commande de joindre la prudence du ferpent à la fimplicité de la colombe. Il faut être docile & fimple pour fe laiffer conduire : mais il faut prendre garde entre les mains de qui on met fa confiance, & voir fi c'eft la lumiere de la grace , & le defir de fuivre Dieu qui nous porte à écouter les perfonnes qui nous doivent parler de fa part. Il y a une occafion où je craindrois qu'on ne fe laifsât tromper. On eft bien - aife d'écouter des perfonnes qui parlent bien , qui difent de bonnes chofes , & en qui il paroît beaucoup de douceur & de modération. S'il arrive qu'avec cela elles témoignent avoir compaffion de notre état , & s'offrent d'une maniere affez obligeante à rendre quelques fervices , il y a tant de facilité céans, que j'appréhendrois qu'on ne se laissât persuader par de belles paroles, & qu'on ne pensât à chercher de la consolation en de tels Directeurs. Cependant quand il est question d'abandonner sa conscience entre les mains d'un homme, on le doit connoître, & ne pas prétendre en juger par deux ou trois entretiens. Il y a bien d'autres qualités nécessaires à un Directeur; & s'il faut le choisir entre mille, il est nécessaire de se tenir à cet égard dans une certaine suspension de jugement qui empêche de se déterminer promtement, & de se laisser prévenir ou gagner par les apparences qui peuvent être trompeuses, & qui viennent plutôt du raisonnement humain que de la lumiere de la foi & de la grace du S. Esprit. Il y a plusieurs d'entre nous qui sont encore bien jeunes. Il est bon de les avertir de s'accoutumer à n'être pas faciles à croire toute sorte de personnes, mais à demander à Dieu sa lumiere pour ne se pas méprendre en un choix si

important. Mais il faut ſçavoir
qu'il n'y a que l'humilité & la charité qui nous mettent en état d'obtenir cette grace. Ces deux vertus
ſont la ſource de la véritable lumiere , comme l'orgueil, l'amour
de ſoi - même , l'eſtime de ſes propres lumieres , l'attache à la créature ſont les ſources de toute ſorte
de ténébres. Sur quoi il eſt bon de
conſidérer que ſi la lumiere naît de
la charité & de l'humilité , il ne
faut pas attendre les occaſions pour
les demander à Dieu , & pour faire tous ſes efforts pour les obtenir.
Il n'y a point de peine & de violence que nous ne devions ſouffrir
pour arracher & déraciner de notre cœur tout ce qui y peut être op-
poſé. Si on ne ſe défie de ſoi-même , ſi on n'a beaucoup de déſin-
téreſſement, ſi on ne cherche Dieu
par-deſſus tout , ſi on ne s'accoutume à s'adreſſer à lui , ſi l'on regarde autre choſe que lui dans les perſonnes de qui on prend conduite ,
quand même elles ſeroient ſaintes,

on peut se tromper & faire des fautes en les écoutant, si l'on s'y attache d'une maniere trop humaine. C'est une tentation où l'on peut tomber facilement, & dont il faut se défier, aussi-bien que de celle qui porte à croire trop facilement toute sorte de personne. Car on tombe à droit & à gauche. Tout ce qui nous détourne de Dieu pour nous porter aux créatures nous est dangereux : jamais il ne nous est permis de nous y attacher, non pas même à celles qui seroient les plus saintes.

Jesus-Christ déclara à ses Apôtres qu'il étoit nécessaire pour leur propre avancement qu'il les quittât & se séparât d'eux, parce qu'ils s'attachoient à son humanité sainte d'une maniere trop humaine, & qu'ils n'étoient pas assez pénétrés par les sentimens que la foi leur devoit inspirer pour sa divinité. On ne comprend pas assez la conséquence de cette obligation, & combien les petites attaches que l'on a dans le cœur forment d'opposition à l'avancement des ames, & empêchent qu'elles ne profitent de la conduite la plus parfaite. Il faut donc s'examiner beaucoup sur ce point, & remarquer à quoi notre esprit se porte & s'attache le plus. Nous avons vu dans l'exemple des saints Martyrs de Lion, que leur force venoit de la communication qu'ils avoient avec Dieu par la priere & la méditation de sa sainte parole. Il est rapporté de Sainte Blandine, qu'étant exposée à un taureau, elle étoit transportée de joie, & surprit tout le monde par sa constance. D'où pouvoit lui venir cette force, que de l'entretien qu'elle avoit avec Dieu, qui la détachant d'elle-même & des créatures, l'attachoit si fortement à Dieu, que rien ne l'en pouvoit séparer? Mais on n'arrive pas en un jour à cette perfection. Il faut commencer de bonne heure à travailler, & ne se servir de tout, que comme de

moyens, qui nous doivent aider à
nous élever vers Dieu, afin que
nous puissions dire avec une grande Sainte, que notre esprit est fon-
dé & solidement établi en lui. U-
ne personne qui a ce sentiment, &
qui travaille à entrer dans cette
disposition, se regarde entre les
mains du bon Pasteur, auquel elle
remet toutes ses inquiétudes & tous
ses soins, s'abandonnant entierement à lui, parce qu'elle sçait
qu'elle ne peut manquer de lumiere, ni tomber dans l'égarement
tant qu'elle le suivra comme son
Pasteur. Elle ne sera point trou-
blée d'aucune crainte; & quoi qu'il
lui arrive, elle trouvera en lui sa
joie & sa consolation. Si nous n'a-
vons pas cette joie, il faut s'examiner pour voir s'il n'y a point quelqu'attache en nous qui soit cause
que nous en soyons privées, & demander à Dieu qu'il nous sépare
& nous détache de tout ce qui nous
peut empêcher de recevoir la vertu
d'enhaut, & de participer à la

conſolation qu'il nous a méritée,
& qu'il veut nous donner quand il
verra que nous le préférons à toutes choſes. Prions - le de nous en
faire la grace, & d'allumer dans
notre cœur une charité ſi forte &
ſi ardente, qu'elle ſurmonte en nous
tout ce qui pourroit s'oppoſer à ſon
amour : c'eſt ce que nous devons
eſpérer : mais il eſt tems d'en voir
les effets; car il y a ſujet de s'étonner
commeent nous avons été ſi long-
tems ſans raporter du fruit après les
inſtructions qu'on nous a données,
& qui doivent nous avoir miſes
en état de tout quitter pour Dieu.
Il eſt vrai que la peine la plus ſenſible qui nous pouvoit arriver eſt
celle d'être privées des perſonnes
qui nous conduiſoient ſi ſainte-
ment, & qui ne travailloient qu'à
nous porter à lui : mais puiſque cela eſt dans ſon ordre, ce ſeroit un
amuſement de s'y vouloir attacher,
parce qu'elles ne nous ſçauroient
être utiles contre ſa volonté. Apprenons donc à la mettre au-deſſus

de tout. Si nous entrons dans cette diſpoſition, tout ce qui pourroit arriver ne nous ébranlera point, & nous trouverons notre force dans le ſilence & dans l'eſpérance : nous nous repoſerons ſur les promeſſes de J. C. & nous ſerons d'autant plus fermes que nous n'aurons de confiance qu'en lui qui eſt la force de ceux qui ne s'appuient que ſur ſa bonté, & n'attendent que de ſa miſéricorde le ſecours dont ils ont beſoin à tout moment pour perſé-vérer en ſon amour.

Iſaïe c.
30. v. 15.

SUITE DES AVIS

DE LA R. M. AGNES

Pour les Religieuſes exilées.

» POur l'abſtinence de viande,
» elles ne demanderont point
» de maigre, pour ne pas donner
» la peine d'en préparer pour elles
» seules ; & ſi elles ſe portoient
» bien, elles ſe contenteroient de

» pain , au moins quelques jours ,
» pour faire voir qu'elles defirent de
» perſévérer dans leur obſervan-
» ce , juſqu'à ce qu'elles ſentent que
» leurs forces diminuent & qu'el-
» les ne peuvent continuer ſans
» s'affoiblir tout à fait. En ce cas ,
» elles mangeront ce qu'on leur
» préſentera, par la ſeule néceſſité,
» & en ſe contentant de tout , ſans
» faire aucune plainte : en quoi
» elles recompenſeront la péniten-
» ce qu'il peut y avoir à s'abſtenir
» de viande , le ſoin qu'on a quel-
» quefois de bien apprêter le mai-
» gre & de le diverſifier pouvant
» le rendre plus agréable au gout
» que n'eſt la viande commune.
» Qu'elles ſe ſouviennent que deux
» de nos Sœurs , qui ſont mainte-
» nant devant Dieu , ont été trois
» ans dans un Monaſtere , où l'on
» les avoit demandées pour la réfor-
» me , à ne manger que d'une ſor-
» te d'œufs , parce qu'elles étoient
» fort abſtientes & fort mortifiées,
» & qu'elles ſupportoient de même
pluſieurs

» plusieurs incommodités , sans en
» avertir notre Mere Abesse , qui
» auroit remédié à tous les besoins.
» Elles supporteront les infirmités
» qui leur arriveront sans en parler,
» si ce n'est qu'elles fussent de consé-
» quence , & qu'elles s'augmentas-
» sent pour ne pas faire quelques re-
« medes : en ce cas elles représente-
» ront leur besoin à la Supérieure
» avec soumission à ce qu'il lui plai-
» ra d'en ordonner , le voyant pour
» lors par obligation & par néces-
» sité dans le devoir d'une vérita-
» ble Religieuse qui a remis en-
» tierement le soin de son corps à
» la providence des personnes qui
» ont autorité sur elles.

» Elles feront les obéissances ou
» les ouvrages qu'on leur ordon-
» nera , sinon que ce fût des cho-
» ses curieuses & qui ne servent
» qu'à la vanité : ce qu'elles pour-
» ront bien refuser , en disant qu'el-
» les ne les sçavent pas faire &
» qu'elles n'auroient pas l'adresse
» de les apprendre ; mais qu'elles

Y

» s'occuperont de bon cœur aux ou-
» vrages les plus communs pour le
» service de la Maison à quoi elles
» emploieront effectivement tout le
» tems qu'elles pourront avoir ,
» comme la regle l'ordonne, & avec
» plus de désintéressement qu'en
» leur propre Maison, où l'on affec-
» tionne tout ce qui est de la Com-
» munauté de laquelle on fait par-
» tie; au lieu que travaillant pour u-
» ne Maison étrangere, on découvri-
» ra, si l'on s'y porte avec tristesse ,
» que ce n'étoit point purement
» pour Dieu qu'on agissoit ; mais
» que dans la religion où l'on en-
» tre pour renoncer à toutes cho-
» ses, l'amour propre trouve moïen
» de se rétablir en s'appropriant la
» Maison, la Communauté & tous
» les intérêts qui la suivent , &
» qu'il est besoin d'une lumiere de
» Dieu , ou d'un experience, com-
» me celle de se voir privée de tou-
» tes les attaches qui paroissent
» justes & saintes, pour connoître
» le défaut , & pour confesser de-

» vant Dieu qu'on n'a été Reli-
» gieuse qu'à demi , & qu'il a été
» bien aisé de se trouver contente
» dans une vie si douce , où l'on a
» trouvé cent fois plus de paix &
» de satisfaction , qu'on n'en au-
» roit trouvé dans le monde, par-
» ce qu'on n'a pas été fidéle à se
» mortifier intérieurement, & à
» se rendre à toutes les pratiques
» de vertu , qui supposent un re-
» noncement continuel à ses incli-
» nations ; en quoi consiste la voie
» étroite, les observances extérieu-
« res se pouvant bien accorder a-
» vec une vie fort imparfaite &
» qui n'exemte pas d'être du nom-
» bre des Vierges folles , qui ne
» prennent pas d'huile dans leurs
» lampes pour entretenir le feu de
» leur charité qui s'éteint aisément
» dans l'eau de leur tiédeur & de
» leur foiblesse. Ce sera donc un
» avantage que Dieu nous réveil-
» le , & qu'il pratique envers nous
» ce qu'il dit dans son Evangile :
» Contraignez-les d'entrer, ce qui

Matth.
ch, 13.v.
3.

Y ij

» ne fera pas une contrainte au re-
» gard de la volonté qu'il nous a
» donnée d'être à lui , mais feule-
» ment au regard de la nature qui
» réfifte toujours à ce qui lui eft
» contraire & qui la détruit.

REFLEXIONS

DE

LA R. M. ANGELIQUE

Sur les avis précédens.

Le 4. Juin. SI NOUS faifions réflexion fur ce qu'on nous vient de dire , les vérités qu'on nous propofe pour-roient paroître extraordinaires ; de dire qu'une perfonne qui eft dans un état où on ne voit point de péril en apparence pour le falut , ait befoin d'être preffée par quelque peine & par quelques fouffrances , qui l'en-gagent à fe corriger de quelqu'im-perfection d'où elle négligeoit de fortir , peut-être par une efpece d'ignorance de l'étendue de fes de-voirs ; c'eft pourtant un avantage

plus grand qu'on ne pense. Si c'é-
toit par attache qu'on y fût, on ne
diroit pas qu'il y a du bonheur de
rencontrer de telles occasions, puisqu'au contraire on y trouveroit sa
ruine : mais pour les personnes qui
ont bonne volonté, mais qui néanmoins ne s'acquittent pas comme
il faut de leurs devoirs, on peut
dire que c'est le Saint Esprit qui
trouble & qui renverse toute la
Maison, afin de les porter d'avoir
recours aux armes de Dieu, & à
implorer l'assistance de sa grace.
Nous devons nous laisser persuader de cette vérité, & croire que
Dieu permet que nous soyons affligées afin de détacher notre cœur
de la terre, & de l'élever vers le
ciel. Si nous avions cette idée des
afflictions, nous nous mettrions
plus en peine d'en profiter que nous
ne faisons. Saint Pierre nous aver- I. Epît.
tit de n'être pas surpris lorsque nous ch. 4. v.
ferons tentés, & éprouvés, parce 12.
que nous devons toujours être pré-
parés à la tentation. Elle nous est

nécessaire en quelque sorte pour
nous empêcher de tomber dans une
autre tentation plus dangereuse qui
est celle de la négligence, qui perd
peu à peu les personnes qui n'ont
pas soin de mettre la Vérité dans
leur cœur. C'est la Vérité qui nous
soutient, c'est en elle que nous
trouverons la force & les armes
dont nous avons besoin pour résister à nos ennemis, & remporter la
victoire dans le combat. Il faut a-
jouter à la connoissance de la Vérité le souvenir de l'expérience que
l'on a eu de la miséricorde de Dieu,
& du secours qu'il nous à donné
dans les occasions passées, afin de
ne nous pas laisser abbattre dans
les tentations présentes. Il y a peu
de personnes qui n'aient fait cette
experience ; mais nous en devons
être plus touchées que les autres,
puisque nous en avons ressenti de si
puissans effets, que nous pouvons
dire que nous avons reçu en cela
comme un gage & un secau qui
nous donne une assurance parfaite

que *Dieu est fidéle & véritable en toutes ses promesses.* Il ne manque pour nous que de lui être fidéle de notre part dans l'obéissance de ses Commandemens, & d'accepter les conditions avec lesquelles il nous veut faire part de son royaume. Il les a déclarées expressément dans son Evangile, en nous apprenant qu'on ne monte à la gloire que par l'humiliation & l'anéantissement, qu'il faut être pauvre pour acquerir les richesses éternelles, qu'il faut pleurer pour arriver à la joie, être persécuté & souffrir en ce monde pour être heureux en l'autre, qu'il faut se renoncer soi-même & se haïr pour ne se pas perdre éternellement. Si nous sommes bien persuadées de ces vérités, nous regarderons les occasions qui nous obligent à renoncer à nos foiblesses & à nos negligences, comme nous étant favorables, puisqu'elles nous donnent moyen d'être au rang de ceux qui ont bien combattu, & sont demeurés victorieux avec Je-

Ps. 144.
v. 13.

Matth.
ch. 5.

Apoc. c.
19.

fus-Chrift , & pàr le fecours de fa
grace. On peut dire que cette figure nous réprefente Jefus-Chrift
 refufcité qui à détruit la mort par
la mort même , & a remporté la
victoire par le fang qu'il a repandu
fur la Croix dont il fe couvre comme de fon trophée , & des marques de fa puiffance. C'eft par là
qu'il s'eft conquis un peuple nouveau , une nation fainte qui le doit
fervir dans la fainteté & dans la
juftice , & qui a été prédeftinée
pour être conforme à fon image.
Jefus-Chrift eft en cet état le chef
de tous les élus. Mais ils doivent
fçavoir que pour arriver à cette divine reffemblance , qui ne fera parfaite que lorfqu'ils le verront tel
qu'il eft dans le ciel , il faut qu'ils
s'efforcent de lui reffembler , & de
fe conformer à lui , en le voyant
tel qu'il a été fur la terre , & qu'il
veut être dans fes membres , qui
doivent combattre comme il a combattu , & qui ne doivent pas fe décourager , quelque rudes que foient

les

II. Tim.
c. 1. v. 10.

I. Epît.
de Saint
Pierre c.
2. v. 9.

Luc. c.
1. v. 75.

Rom. c.
8. v. 29.

I. Jean
c. 3. v. 2.

les attaques qu'ils auront à soutenir, parce qu'ils marchent à sa suite & qu'ils ne sçauroient être vaincus tant qu'ils suivront ses traces. Considérons-le souvent dans cette figure sous laquelle l'Apocalypse nous le représente, & que ce seul regard nous anime & nous instruise. Il n'est pas seulement vêtu d'une robe teinte de sang, il porte aussi des couronnes qu'il a méritées par ses souffrances, & dont il fait part à ceux qui veulent bien souffrir avec lui, & entrer dans la voie étroite, où il ne les invite qu'en leur montrant la récompense dont les peines qu'ils endureront pour lui doivent être suivies.

Apoc. c. 19. v. 13.

Ch. 2. v. 10.

Des personnes qui se voient dans la compagnie de Jesus-Christ, & qui marchent avec lui, n'ont pas peur, quand elles entendent parler des occasions de souffrance. Ce qu'il y a de plus difficile & qui fait même plus d'horreur aux sens n'abat point une ame qui est soutenue par l'espérance des biens qui lui sont promis. Elle ne craint point de tout exposer, & elle se console des pertes qu'elle pourroit faire, quand elle voit Jesus-Christ qui tient en sa main des couronnes pour les distribuer à ceux qui ont tout abandonné pour lui être fidéles. On nous demande dans la lecture que nous venons de faire un détachement si grand, que nous abandonnions notre vie même. Car on ne suppose pas que les personnes qui nous tiendroient prisonnieres dans leurs Maisons dussent avoir de la considération pour nous, & on nous represente seulement, que dans cet état même il faudroit être en repos. Cette vérité ne sera pas difficile à comprendre, si l'on considere que nous sommes obligées d'aimer J. C. comme il nous aimées, & qu'après qu'il a donné sa vie pour nous, nous ne devons plus avoir de bornes pour nous anéantir, & que nous devons nous mettre nous-mêmes au rang des choses superflues que nous abandonne-

Galates ch. 2. v. 20.

rons , ayant reconnu qu'on gagne véritablement à tout perdre pour son amour. Toute attache à la vie présente est dangereuse , parce qu'elle nous affoiblit & diminue la charité & l'amour que nous devons à Dieu , qui seul nous rend victorieux de tous nos ennemis.

Mais il faut reconnoître que nous n'avons point de plus dangereux ennemi que nous-mêmes , & que nous ne remportons la victoire qu'à proportion que nous nous renonçons nous - mêmes , & que nous combattons nos inclinations. Si nous haïssions en nous la cupidité , & que nous eussions soin de détruire son regne par la resistance que nous ferions aux mouvemens qu'elle nous inspire , rien ne feroit capable de nous vaincre. Les hommes & les démons ne nous pourroient nuire , si la cupidité ne dominoit point en nous. Combattons la donc en tout tems : car nous ne sçaurions la vaincre en une occasion particuliere , si nous ne som-

mes accoutumées à nous défendre
contre elle en toute rencontre ; &
comme elle ne finira qu'avec nous,
il faut faire état de ne jamais cef-
fer de la combattre. C'eft de cette
forte que nous demeurerons fidéles à Dieu , & que nous aurons
part à la grace de celui qui eft appellé par un titre fingulier *fidéle &*
véritable. Il porte encore à ce que
nous dit l'Ecriture un nom écrit
que perfonne ne connoît. Cela peut
avoir beaucoup de fignifications ,
que je ne fçais pas : mais il eft certain que nous devons nous inftrui-
re de ce que nous fçavons. Dieu a
plufieurs noms : il y en a qui nous
font connus , & d'autres que nous
ne connoiffons point. Nous devons
révérer ceux qui font exprimés ici.
Dieu eft appellé *fidéle & véritable :*
nous ne pouvons craindre fes menaces , efpérer fes promeffes & o-
béïr à fes commandemens , qu'autant que nous l'honorons en cette
qualité de *fidéle & de véritable.* C'eft
parce que nous le reconnoiffons fi-

déle que nous travaillons pour per-
févérer jufqu'à la fin, fçachant qu'il
ne donne la couronne qu'à la per-
févérance. Parce que nous le re-
connoiſſons *véritable* , nous ſommes perſuadées de la néceſſité de
faire pénitence , & nous croyons   Luc c.
qu'il n'y a point de ſalut ſans elle ,   13. v. 5.
parce qu'il nous l'a dit lui - même.
Nous n'allons à J. C. que par la
foi , qui nous apprend qu'il eſt *fidéle & véritable.* C'eſt une notion
que tout Chretien doit avoir. Il
ne faut point chercher de commen-
taires & d'interprétations à ſes paroles. Il faut s'adreſſer à J. C. afin
qu'il nous en faſſe éprouver l'effet,
& qu'il nous donne la confiance &
l'eſpérance que nous devons avoir
en ſa fidélité : ſans cela nous ne
pourrons entrer dans la voie étroite. Quand le Prophete dit à Dieu :
J'ai marché dans des chemins rudes &   Pſ. 16.
difficiles à cauſe des paroles de votre
bouche , il nous apprend que nous
ne pourrions jamais ſuivre un chemin ſi difficile , ſi nous n'étions

Z iij

foutenues par l'affurance que nous
avons fur la fidélité de fes paroles,
qui nous obligent auffi à avoir pour
lui une fidélité inviolable. Mais
comme toutes fes paroles font également véritables, nous y devons
auffi une égale obéiffance : c'eft à
quoi on ne penfe point affez. Par
exemple, on eft bien perfuadé qu'il
n'y auroit point de falut pour ceux
qui auroient négligé ou refufé, ou
même manqué, faute d'inftruction,
de recevoir le Baptême, & cela eft
très - vrai : mais le même Jefus-
Chrift qui nous a appris la néceffité
du Baptême, nous a appris que
l'on ne peut être fon difciple, fi
l'on ne renonce à foi - même ; &
que l'on ne le fuit qu'en portant fa
croix. Cette vérité eft auffi ftable
& auffi ferme que la premiere.
Mais parce qu'il eft difficile de la
pratiquer, on n'entre dans ce chemin étroit qu'autant qu'on reconnoît que celui qui nous y invite eft
fidéle & véritable. Sans cette conviction quel moyen de fe réfoudre

Matth.
c. 16. v.
64.

d'entrer dans la voie étroite, & de se quitter sans cesse soi - même.

Rien n'est plus rude à la nature que de se renoncer ainsi à tout moment, & ne se satisfaire en rien. On prendra plus facilement la résolution de se vaincre en une occasion particuliere, encore qu'elle soit grande : mais de se refuser continuellement toute sorte de plaisirs, & ne suivre jamais son inclination dans les moindres choses comme dans les plus grandes, qui est ce qu'on appelle se renoncer soimême, cela ne se peut faire que par un mouvement de fidélité dans lequel on ne persévere, que parce qu'on reconnoît Dieu *véritable*, qu'on craint ses menaces, & qu'on espere en ses promesses. Néanmoins il faut reconnoître que cette conviction n'empêche point qu'on ne soit encore sujet à tant de foiblesses & d'impuissances, que pour n'en être pas surmonté il est besoin de regarder en Dieu quelqu'autre qualité qui nous affermisse davantage dans l'espérance de son secours & dans l'attente de sa miséricorde. C'est ce qui nous est exprimé ensuite dans ces paroles où J. C. est aussi appellé le *Verbe de Dieu* : car l'Ecriture nous ayant appris ailleurs que toutes choses ont été créées par le *Verbe*, & qu'il a tout fait, nous ne pouvons douter qu'il ne lui soit aussi facile de nous réparer & de nous assister, qu'il lui a été facile de nous créer & de nous tirer du néant. Cette connoissance que nous avons, & cette confession que nous faisons de la puissance du *Verbe* nous doit empêcher de de nous abattre quand nous trouvons de la difficulté à marcher par la voie étroite. Il faut seulement nous adresser à Dieu avec confiance, & nous souvenir qu'il lui est aussi facile de nous aider que de dire une seule parole. Prions donc le *Verbe* qui a créé tout le monde, qu'il nous crée de nouveau, qu'il tire du néant & de la foiblesse qui est en nous le bien dont

nous ne sommes point capables;
mais qu'il peut toujours opérer
quand il lui plaira. Il n'a fait le
monde qu'une seule fois; mais pour
le monde nouveau, il le crée tous
les jours dans les ames; & le néant
qu'il y trouve est l'objet de sa puissance, qu'il exerce quand il lui
plaît en toute sorte de maniere.
Tout Chretien est donc obligé de
regarder le *Verbe de Dieu* en cette
qualité de Créateur, & s'adresser
à lui dans toutes ses peines & ses
difficultés, sçachant que rien n'est
impossible à celui qui a tout créé
par sa parole, & qui peut par la
même parole réformer, réparer &
créer de nouveau tout ce qu'il lui
plaira. Nous ne succombons dans
la tentation que lorsque nous manquons à avoir recours à lui. Car un
seul regard & un mouvement ar-
dent de priere en reconnoissant la
puissance du *Verbe*, suffiroit pour
nous rendre victorieux de toutes
les tentations, & surmonter tous
nos ennemis. Il faut aussi le reg

Apoc. c.
19. v. 15.

garder comme *le Roi des Rois*, qui feul domine fur toutes les créatures, & devant lequel les démons font obligés de trembler. Si l'on confidere bien cela, il fera impoffible de les craindre. Il n'y a qu'à les méprifer & à fouffler contr'eux, fe fouvenant que les Puiffances de l'Enfer font réduites au néant devant Dieu, & que pourvu que nous foyons unies à lui, ils ne peuvent rien contre nous. Nous ne devons pas craindre la puiffance des hommes : ils ne fçauroient faire contre nous que ce que Dieu leur a permis. Nous n'avons qu'à nous foumettre à fes ordres, & à réfifter avec fidélité à tout ce qui ne feroit pas conforme à ce qu'il demande de nous. Dieu nous fera

I. Cor.
c. 10. v.
13.

fidéle, & ne permettra point que nous foyons tentés par - deffus nos forces. S'il permet que nous fouffrions, il n'y a qu'à nous y foumettre, & nous affurer que fi nous paroiffons perdre quelque chofe, c'eft pour gagner davantage.

S'il nous arrive de tomber dans
quelque tentation, & de nous trouver expoſées à quelqu'affliction extraordinaire, à laquelle il nous
ſemble que nous devrions ſuccom-
ber, ne nous allarmons pas pour
cela. Souvenons - nous que celui
qui marche à notre tête, & dont
nous tâchons de ſuivre les traces,
n'a pas ſeulement les titres que
nous venons de marquer, mais
qu'il porte de plus un nom écrit
que perſonne ne connoît : & que
ce ſoit notre conſolation de penſer
que J. C. a encore d'autres quali- Apoc. c.
tés que nous ne connoiſſons pas, 19. v. 12.
& qu'il ſe reſerve de nous manife-
ſter dans notre beſoin. Car il di-
verſifie les effets de ſa grace ſelon
l'état de ceux à qui il la donne. Diſons - lui donc de tout notre cœur
ces paroles du Prophete : *Seigneur,* Pſ. 34.
dites à mon ame : Je ſuis votre ſalut :
faites - lui connoître ce que vous
êtes pour elle, afin qu'elle adore
en vous les divines qualités dans
leſquelles elle doit trouver tout ſon

bonheur : devenez, ô mon Dieu, fa lumiere, fa joie, fa force, fon falut, fa vie , & tout ce qui lui manque.

Dans quelque peine & quelque mifere que nous foyons , jettons les yeux fur J. C. pour apprendre ces noms nouveaux qui nous font cachés & que nous ne connoiffons pas encore , mais qu'il nous affure lui - même être écrits, afin que fi nous n'en avons pas encore l'intelligence , nous nous confolions par l'efpérance que le S. Efprit qu'il nous a promis , & qui nous doit apprendre une nouvelle langue , nous découvrira enfin ces caracteres qui nous font inconnus. Ne nous laffons point de lui en demander l'intelligence : cherchons avec foin & avec fidélité ce que nous n'avons pas encore. Regardons le Fils de Dieu monté au ciel , non pour s'éloigner de nous, mais plutôt pour nous inviter à le fuivre & à le chercher avec plus d'ardeur ; & ce qui doit nous porter à cette recherche , eft le fenti-

ment de notre misere. C'est pour
cela même qu'il laisse nos infirmités. Il connoît combien nous sommes lâches, & il voit que si nous
n'étions comme pressées par l'ai-
guillon de nos miseres, nous nous
contenterions de nous - mêmes, &
ne nous mettrions point en peine
de nous tirer du lit de nos imperfections. Pour nous exciter à en
sortir, il renverse ce lit, selon la
parole du Prophete, afin que ne   Pf. 40.
pouvant plus nous reposer en nous-
mêmes, nous ayons recours au saint
Esprit, qui gémit, qui prie & qui   Rom. c.
demande pour nous ce que nous ne   8. v. 26.
méritons pas de recevoir. Deman-
dons sans cesse cet esprit de priere,
qui fera tout en nous, & avec lequel nous ne devons rien craindre,
puisque les armées du ciel com-
battront pour nous & que le Dieu
des armées sera avec nous quand
nous le chercherons de tout notre
cœur, & que nous le suivrons en
accomplissant sa volonté & en marchant dans la voie où il nous invite.

Il est dit aussi dans le même endroit de l'Apocalypse, que *ses yeux
sont comme une flamme de feu* : ce qui
nous marque que le S. Esprit nous
éclaire & nous échauffe par son ardeur , pourvu que nous recevions
ses regards. Elevons donc nos yeux
vers lui , & regardons celui qui
nous regarde , afin de recevoir les
impressions de son amour , d'être
échauffées par son ardeur & éclairées par sa lumiere. Souhaitons a-
vec le Prophete que Dieu exerce
sur nous sa miséricorde & sa bonté,
qu'il nous comble de ses bénédictions , & qu'il fasse luire sur nous
la lumiere de son visage : elle nous
sera utile à proportion que nous
aurons été echauffées par l'ardeur
de la charité. Sans elle la lumiere
deviendroit inutile. Il est dangereux même de connoître la vérité,
quand cette connoissance n'est pas
accompagnée du feu de la charité,
parce que la science enfle , & qu'il
n'y a que la charité qui édifie.

M. de Saint Cyran dit , que

» ce qui a produit l'endurciſſement
» des Juifs eſt qu'ils avoient la con-
» noiſſance de la Loi, ſans l'amour
» de la Loi : ce qui étoit cauſe
» qu'ils s'en glorifioient, & ne la
» pratiquoient pas. » Si nous avons
le bonheur d'être inſtruites de la
Vérité, ne nous contentons pas de
la connoître ; tâchons d'obtenir la
grace de l'aimer d'une maniere qui
égale la connoiſſance que nous en
avons. Demandons ce regard de
feu qui eſt la préſence du S. Eſprit
dans les ames. On ſçait de quelle
maniere il changea les Apôtres,
qui juſques là avoient été inſtruits
de la Vérité ; mais qui ayant encore un amour trop humain pour
Jeſus-Chriſt, avoient beſoin qu'il
leur en donnât un plus épuré, &
qu'il allumât dans leur cœur ce feu
divin, pour leur apprendre à aimer Jeſus-Chriſt comme Dieu,
& à pratiquer par cet amour tout
ce que la Loi demande. Ce fut a-
lors que, de foibles qu'ils étoient,
ils devinrent forts, & que d'im-
parfaits ils arriverent à la plus gran-

de perfection , qui eſt celle de la charité. Nous devons eſperer cette grace , puiſque nous en avons reçu les premices : mais il faut ſçavoir que cette lumiere ardente eſt ſelon l'expreſſion de l'Ecriture comme un ſoleil levant qui croit & s'éleve , juſqu'à ce qu'il ait diſſipé les ténebres par ſa lumiere , & fait fondre les glaces par ſon ardeur. Demandons - la toutes enſemble , & uniſſons-nous d'un même deſir pour l'attirer ſur cette Communauté , afin qu'elle nous éleve au-deſſus de nous-mêmes & de notre propre foibleſſe; que nous ne ſoyons pas ſemblables aux Juifs qui ſe ſont contentés de ſe réjouïr de ſa clarté , mais qui n'ont pas été enflammes de ſon ardeur. Pour attirer cette grace , ce n'eſt pas aſſez de ſe réjouïr de la parole de Dieu , il faut auſſi trembler , afin que connoiſſant & ſentant de quoi nous avons beſoin , nous ſoyons humiliées , & apprenions à prier avec ardeur & perſévérance.

SUITE

SUITE DES AVIS
DE LA R: M. AGNE'S

Pour les Religieuſes exilées.

» NOs Sœurs étant malades,
» recevront les ſervices qu'on
» leur rendra, avec action des gra-
» ces, étant bien éloignées de rien
» demander de ſuperflu comme el-
» les ont peut-être fait dans leur
» Monaſtere, où il eſt aiſé de ſe
» perſuader qu'on a droit d'exiger
» des aſſiſtances, qu'on étend quel-
» quefois plus loin que les perſon-
» nes du monde n'en demandent
» de ceux qui les ſervent : en quoi
» l'on perd tout le mérite de ce
» que l'on a quitté pour Dieu. Les
» ſervices ſont rendus dans les
» Monaſteres par des perſonnes
» qui regardent Dieu dans celles
» qu'elles ſervent : auſſi le font-
» elles de bien meilleur cœur que

» des personnes du siécle , qui
» étant intéressées , ne font bien
» souvent que le moins qu'elles
» peuvent. Ce ne doit donc pas
» être un avantage d'être traitées
» avec tant de charité dans la re-
» ligion ; mais un sujet de s'humi-
» lier , comme la Regle l'ordonne ,
» de la miséricorde qu'on a reçue.
» Que s'il y a eu du défaut en ce-
» la , il sera expié par le manque-
» ment de ces secours , ou si on
» les reçoit , ce sera par un mou-
» vement de charité que Dieu in-
» spirera à ces personnes , dont on
» se trouvera obligées de le bénir ,
» & de se rendre plus reconnois-
» santes & plus soumises , au lieu
» du peu de ressentiment & de
» gratitude qu'on a quelquefois du
» bien qu'on nous fait. Ce sera en-
» core un exercice de vertu de se
» voir infirme & inutile à tout ,
» lorsqu'on voudroit n'être point
» à charge , & se rendre plutôt par
» ses services agréable à des per-
» sonnes qui se tiendront importu-

» nées de nous voir parmi elles ;
» mais ce sera une plus grande sû-
» reté de ne leur être point utile ,
» afin de n'être employée à rien
» de considérable , & de jouïr de
» tous les avantages de ce banisse-
» ment, qui consiste à devenir com-
» me aveugle & muette , qui sont
» les qualités que doit avoir une
» vraie Religieuse; mais qui se trou-
» vent en peu de personnes , y en
» ayant plusieurs qui s'imaginent
» qu'on peut regarder , qu'on peut
» écouter , & qu'il est permis de
» parler de ce qui se passe dans son
» Monastere, encore qu'on n'en ait
» point de charge. C'est pourquoi
» ce sera une heureuse nécessité de
» n'oser juger de rien , & encore
» moins de parler des affaires d'au-
» trui , ni écouter ce que des Reli-
» gieuses de ce lieu-là voudroient
» dire qui ressentiroit le murmure,
» afin de ne se point rendre sus-
» pecte à la Supérieure , ou bien
» pour ne pas commettre celle qui
» auroit parlé ; si on se trouvoit

» obligé d'avertir la Supérieure : ce
» qu'il ne faudroit pas faire , si on
» ne la jugeoit capable d'en bien
» user , & que les choses fussent
» fort importantes ; de sorte que le
» plus sûr sera de ne point écouter
» de semblables discours , & de
» s'excuser sur l'incapacité qu'on a
» de donner un bon conseil , &
» de dire seulement qu'on priera
» Dieu pour celle qui voudroit fai-
» re des plaintes.

REFLEXIONS

D E

LA R. M. ANGELIQUE

Sur les avis précédens.

Le 19 Juin , veille de la fête du S. Sacre-ment.

NOus pouvons tirer de grandes instructions de ce que
nous venons de lire , & au moins
cela nous doit humilier , en nous
faisant voir ce que nous devrions
être , & ce que nous ne sommes
pas. Nous y apprenons aussi à con-

fidérer la conduite que Dieu tient ſur nous dans l'état préſent où il nous met , comme une grande miſéricorde & un effet de ſa bonté qui nous favoriſe , & nous préfére à beaucoup d'autres , en permettant que nous ſoyons expoſées à ſouffrir de nouveau la perſécution. Il eſt tout-à-fait important que des perſonnes que Dieu tient en ſa main , & au ſalut deſquelles il paroît s'appliquer d'une maniere ſi particuliere , s'eſtiment heureuſes en quelqu'état qu'il les réduiſe. Les Chretiens ſont appellés dans l'Ecriture *enfans de lumiere.* , parce qu'étant éclairés du flambeau de la foi , ils doivent juger de toutes choſes par ſa lumiere , & la prendre pour la regle de leurs ſentimens & de leur conduite. Si nous ſuivons d'autres principes , & que nous nous laiſſions aller à écouter les mouvemens de la nature & les inclinations de notre cœur, nous retomberons dans les ténebres , & dans l'ombre de la mort, d'où la miſéricorde de

I. Theſſ.
c. 5. v. 5.

Dieu nous a tirées , l'éclat de la vraie lumiere s'effacera peu à peu en nous. Nous trouverions que nos mains feroient vuides après bien des années que nous aurions paffées dans la religion , & peut-être que dans quelques occafions extraordinaires nous ne nous appercevrions pas que nous ferions forties de la voie, & que nous ne fuivrions que nous-mêmes après être venues en religion pour fuivre Dieu , & nous renoncer nous-même. C'eft ce que nous devrions appréhender quand nous voyons que nous ne fommes pas faintes, ayant tant de moyens de les devenir , & que nous nous trouvons même beaucoup éloignées de la perfection à laquelle notre état nous oblige de tendre. On pourroit être en peine de fçavoir comment Dieu juge des perfonnes qui ayant reçu fa lumiere ne l'ont pas fuivie entierement, & ont manqué plufieurs fois à obéir à fa parole. Je ne vois rien de fi terrible que de comparer

notre lâcheté & la plus grande partie de nos actions avec la connoiffance que nous avons de la perfection à laquelle nous fommes appellées. Je crois néanmoins que nous
pouvons nous confoler , fi recon-
noiffant avec douleur que nous n'a-
vons pas avancé comme nous devions dans le chemin de la vertu ;
nous avons un regret fincere de
nous voir fi imparfaites , & voulons bien nous abandonner à la
conduite de Dieu , & nous laiffer
gouverner à fa providence, de quelque maniere qu'il lui plaife de nous
traiter , comme des malades qui
fe mettent entre les mains d'un ha-
bile Médecin , & qui fouffrent qu'il
leur faffe les incifions qui font né-
ceffaires pour leur fanté , quelque
douloureufes qu'elles foient. C'eft
ce que nous devons faire pour nous
relever de toutes nos négligences,
& fortir d'un état qui nous déplaît,
& qui doit nous déplaire , parce
qu'il déplaît à Dieu. *Le Royaume* Matth.
ch. 11. v.
des cieux fouffre violence : fi nous n'a- 12.

vons pas affez de force pour nous la faire à nous - mêmes , defirons que Dieu faffe pour nous ce que nous n'avons pas le courage d'entreprendre , & qu'il fe ferve de ce qu'il lui plaira pour nous tirer de notre négligence. La Mere Agnès a marqué ici tous les défauts où peuvent tomber les perfonnes accoutumées à la douceur de la vie & à la jouïffance de toutes les commodités. Car fi l'on ne veille beaucoup , on s'attache à ces fortes de chofes , & on fe porte enfuite à les exiger , comme s'il n'y avoit pas moyen de s'en paffer. Elles font fi conformes à l'inclination naturelle que nous avons à éviter la fouffrance , & chercher le repos & la fatisfaction des fens , que nous devons nous eftimer heureufes d'être obligées & comme forcées d'y renoncer, & d'entrer dans le chemin de la perfection , où nous n'avons pas eu affez d'amour pour courir avec ardeur.

Si nous n'avons pas affez de zéle
pour

pour nous faire les violences que
la charité nous devroit inspirer,
souhaitons au moins que Dieu les
fasse en nous. Les choses dont on
nous parle ici sont grandes ; mais
aussi c'est le moyen d'obtenir de
grandes récompenses. La couronne nous est promise. Le prix nous
est proposé. N'épargnons rien pour
l'obtenir. Ayons une sainte ambition pour y arriver. Animons-nous
par l'exemple de celles qui avan-
cent ; & si nous en voyons qui
semblent reculer, craignons de faire de même , & de nous mettre en
danger qu'une autre emporte no- Apoc. c1
tre couronne. Les Vierges doivent 3. v. 11
chanter un Cantique nouveau de- Ch. 14
vant le thrône de l'Agneau. Esti- v. 3.
mons autant que nous le devons
cet avantage : appréhendons de le
perdre par notre négligence. On
ne chante plus quand on ne fait
plus d'efforts pour suivre par-tout
J. C. qui nous invite à porter sa
croix avec lui pour avoir part à sa
gloire. C'est là ce que nous devons

avoir deſſein de conſidérer pendant
cette Octave , qui nous doit être
d'une dévotion ſinguliere, puiſque
Dieu nous a particulierement appellées à la vénération de ce ſacré
myſtere que l'Egliſe y honore.
Nous devons regarder cette faveur
comme une des plus grandes miſéricordes que nous puiſſions recevoir. Les myſteres de notre Religion ont trop d'étendue pour que
nous puiſſions les révérer tous enſemble. La providence de Dieu
paroît les avoir diſtribués à diver-
ſes perſonnes , pour en reconnoître la ſainteté avec plus de zéle &
d'application. Il y en a qui ſont
dévoués à honorer l'enfance de Jeſus-Chriſt , d'autres ſa mendicité,
d'autres ſa Paſſion. Pour nous ,
nous ſommes conſacrées au myſtere de l'Euchariſtie. C'eſt par le
choix de Dieu que nous ſommes
attachées au culte du S. Sacrement.
Suivons ce choix par inclination
de grace & d'amour. Que toute
notre piété ſoit occupée de ce my-

stere. Que Jesus- Christ soit sans cesse exposé aux yeux de notre cœur dans cet état d'immolation & d'anéantissement où sa charité l'a réduit pour nous. Nous ne devons point avoir besoin qu'il soit exposé extérieurement aux yeux de notre corps pour nous toucher & nous porter à lui rendre ce que nous lui devons. Cela peut être nécessaire pour des Chretiens peu appliqués à reconnoître l'excès de la bonté d'un Dieu dans ce mystere d'amour. Ils s'excitent à lui rendre quelqu'adoration lorsqu'ils le voient exposé d'une maniere visible & extérieure : mais cela ne suffit pas pour nous qui devons avoir plus de lumiere, & qui sommes obligées d'être de ces vraies adoratrices qui adorent en esprit & en vérité. Les sages ont connu ce qui est visible de la grandeur & de la majesté de Dieu : nous l'adorons invisible dans le S. Sacrement, où il est caché de telle sorte, qu'il ne

Jean c.
4. v. 23.
Rom. c.
1. v. 19.

paroît rien de lui aux yeux du corps; mais la foi l'y reconnoît, le cœur l'y aime, & s'atttache de plus en plus à le confidérer.

Je lifois dans S. Luc il y a peu de jours une parole de grand fens, c'eft au fujet de la Paffion de Jefus-Chrift. Il dit que *tout le peuple qui affiftoit à ce fpectacle, s'en retournoit en frappant fa poitrine :* ce terme m'a frappé, que la Mort de J. C. foit appellée *un fpectacle.* Il me femble que cela nous apprend qu'elle ne produira en nous les mouvemens qu'elle y doit exciter, qu'à proportion que nous ferons appliquées à la confidérer attentivement & fans nous diftraire pour nous appliquer à d'autres objets. Les hommes regardent *un fpectacle.* Ils n'ont point de plus grande application : fans cela ils perdroient leur peine & s'affembleroient inutilement. Moyfe éleva le ferpent d'airain comme *un fpectacle,* afin que ceux qui étoient bleffés fuffent guéris en le regardant. Le Fils de Dieu nous

dit dans l'Evangile que ce ſerpent
le figuroit lui-même , afin de nous
apprendre qu'en quelque maniere
que nous ſoyons bleſſées, nous n'a-
vons qu'à élever nos yeux vers lui,
& nous ſerons guéries. Il eſt toujours expoſé devant nous , & il ne
manque pas de regarder ceux qui
le regardent. Ne nous en prenons
qu'à notre négligence , ſi nous ne
ſommes pas guéries. Nous n'avons
que cela à faire , & à attendre ſon
regard qui peut tout rétablir. Mais
ſi Jeſus-Chriſt a été *un ſpectacle* en
la Croix , on peut dire qu'il l'eſt
encore plus dans le S. Sacrement.
C'eſt là où nous le devons voir dans
ce *ſpectacle* d'amour , qui nous apprendra de quelle maniere nous le
devons aimer en voyant ce qu'il a
fait pour nous.

Nos Conſtitutions nous preſcri-
vent une dévotion pour toute notre vie , que nous devons renouveller particulierement en cette
Octave , & y avoir une plus grande application : c'eſt de nous rendre

Jean ch.
3. v. 14.

nous-mêmes, pour ainsi dire, *des Eucharisties*, en portant J. C. dans notre cœur, & le portant comme exposé à la vue les unes des autres. Nous les devons regarder comme *des Eucharisties* dans lesquelles Jesus-Christ se présente à nous, non comme mort, mais comme vivant. Il y est visible par les effets de grace & d'humilité qu'il nous y fait voir. Que s'il semble que nous ne l'y voyons pas toujours, parce que leur conduite seroit un peu moins édifiante, ne laissons pas de l'y reconnoître. Souvenons-nous qu'il est *un Dieu caché*, & qu'il ne se cache que pour donner plus de mérite à notre foi, qui le doit chercher & le découvrir sous les ombres de l'imperfection de notre prochain, qui n'empêchera point qu'il ne reçoive tout le support & le service que nous lui rendrons. On ne s'accoutume point assez à la pratique de cette vertu, quoiqu'on n'ignore pas ces vérités. Si on voyoit une personne manquer à adorer Je-

Isaïe c.
45. v. 15.

sus-Christ dans le S. Sacrement ,
on en seroit surpris , & on croiroit
qu'elle n'est pas instruite de ce qu'on
doit à ce divin mystere. Dans quelque vase que soit la sainte Eucharistie , en quelque lieu qu'on la
transporte , notre piété sçait la suivre par - tout. Si on nous la mon-
tre dans l'Eglise , nous nous abais-
sons pour l'adorer ; si on la porte à
des malades ou à quelque procef-
sion , nous ne voudrions pas manquer à l'accompagner. N'y aura t-
il que dans notre prochain que
nous manquerons à lui rendre ce
que nous lui devons. Nous voyons
souvent communier nos Sœurs :
on nous dit que nous devons les
regarder comme *des Eucharisties* ; à
quoi tient - il que nous le faffions ?
Je ne sçais pourquoi nous y perdons J. C. de vue : il faudroit les
considérer comme de nouveaux vases où il s'est transporté, pour nous
donner de nouveaux moyens de
lui rendre nos devoirs. Et pour le
faire avec plus de foi, il est nécef-

faire de nous appliquer ces paroles de l'Evangile : *Les vrais adorateurs adorent en esprit & en vérité.* Ce n'est pas ce qui est matériel & extérieur qui nous doit empécher. Nous sommes tout dans les sens , & si nous n'y prenons garde , nous suivons plutôt leur jugement que celui de la foi, qui nous apprendroit que si J. C. a mis son tabernacle dans les hommes par un excès de bonté, nous l'y devons regarder avec amour , & nous estimer heureuses de pouvoir lui rendre en leur personne ce que nous ne sçaurions faire pour lui , parce qu'il est invisible , & n'a pas besoin de nos services. Que cette pensée nous inspire du respect les unes pour les autres ; & toutes les fois que nous nous trouvons ensemble , ou que nous nous rencontrons , ayons cette attention , qui nous donnera de l'estime les unes pour les autres , & nous fera éviter plusieurs fautes que l'on commet dans la conversation, soit en ne déférant pas assez

Jean c.
4. v. 23.

Ezech.
c. 37. v.
27.
Apoc. c.
21. v. 3.

à ſes Sœurs, ou ſe préférant à elles, ſoit en manquant de les édifier & de leur donner l'exemple
qu'on leur doit. Que notre foi pé-
netre tous les voiles qui ſemblent
le dérober à nos yeux. Nous ne
voudrions pas manquer de l'adorer
dans le S. Sacrement en quelque
lieu que ce ſoit, ſuivons - le dans
notre prochain, quoiqu'il y ſoit
peut-être couvert de pluſieurs im-
perfeƈtions qui le dérobent aux
yeux de nos ſens ; mais qui n'em-
pêcheront pas que notre foi ne l'y
trouve effeƈtivement.

Il eſt dit des premiers Chretiens
qu'ils alloient tous les jours au
Temple dans l'union d'un même
eſprit, & y perſévéroient en prieres, & que rompant le pain dans
les maiſons des fidéles, ils prenoient leur nourriture avec joie &
ſimplicité de cœur. La Religion
chretienne n'eſt pas changée ; nous
avons les mêmes obligations de
vivre ſelon l'Evangile qu'avoient
les premiers Chretiens, & même

Aƈtes
ch. 2.

nous devons nous souvenir que les Monasteres n'ont été établis que pour renouveller dans l'Eglise la ferveur qui y étoit dans le commencement qu'elle fut établie. C'est à quoi nous devrions particulierement nous appliquer pendant cette Octave, & ce doit être le fruit de nos Communions plus fréquentes, de faire que participant à un même pain, qui est Je- sus-Christ, nous soyons plus unies les unes avec les autres, & nous perséverions dans la priere & dans tous nos exercices, en les faisant avec joie & simplicité de cœur.

Il faut encore que nous ayons dévotion à la suspension du S. Sacrement. Nous avons dit qu'il est là comme *un spectacle*, nous l'y pouvons regarder aussi comme *notre soleil* qui nous échauffe par son ardeur, & nous éclaire par sa lumiere. Il n'y a personne qui ne se plaigne de sentir des froideurs & des distractions dans la priere. Nous n'avons qu'à jetter les yeux sur ce divin ſoleil , & nous conſoler en voyant l'amour qu'un Dieu nous porte, qui doit embraſer & allumer le notre. Pour nous en perſuader , il en faut conſidérer toutes les preuves & le regarder même dans ces effets qui nous feront reconnoître qu'il continue d'achever l'ouvrage de notre ſalut par la conduite différente qu'il tient ſur nous, nous donnant quelquefois des conſolations , & nous retirant d'autrefois ſa lumiere pour nous porter à la deſirer avec plus d'ardeur , afin que la ſéchereſſe que nous trouverons en nous , ne faſſe qu'augmenter la ſoif de notre ame qui doit être altérée des biens de ſa grace. S'il ſemble nous les retirer , & nous priver en même-tems de ſa lumiere , c'eſt afin que nous ſentions davantage notre beſoin , & que cela nous porte à prier avec plus d'ardeur. Jeſus-Chriſt eſt notre véritable ſoleil , il eſt notre lumiere ſenſible ; mais il ne ſe communique pas toujours à nous d'une maniere ſenſꝛ

ble , afin que l'abfence de fa confolation , nous la faffe defirer plus
fortement , & que lorfque nous
fommes dans les ténebres nous ef-
périons & demandions le retour
de la lumiere qui doit fuccéder à la
nuit dans laquelle nous gémiffons.
Si Jefus-Chrift fe cache dans le
S. Sacrement , il agit de même
dans nos ames. Il s'y fait une tente dans laquelle il cache la préfence de fa grace , non pour nous la
fouftraire entierement ; mais pour
nous humilier. Adorons-le fous ce
cette tente , comme nous faifons
fous les efpeces du S. Sacrement.
Soyons perfuadées que fa charité
nous y voit , quoique nous ne l'appercevions pas , & qu'il ne nous a-
bandonnera point , & nous retirera enfin de cet état , où nous ne fub-
fifterions pas, s'il duroit trop long
tems. Il reviendra à nous , & nous
découvrira de nouveau fa lumiere
comme le foleil rend fes rayons à
la terre , & l'échauffe de fon ardeur, que les tempêtes & les brouil-

lards lui avoient ravi : attendons
son retour avec patience , & si nous
sentons qu'il nous inspire quelque
nouveau desir d'être à lui , que cela nous suffise pour nous consoler.
Car c'est une marque qu'il s'approche de nous. Quand on dit, Dieu
cache sa lumiere , c'est - à - dire
qu'il la retire : mais il ne le fait
que par une conduite de grace &
d'amour , & comme pour nous la
conserver , de peur que nous ne la
perdions si elle demeuroit entre
nos mains. Rejouïssons nous de ce
qu'elle est entre les siennes avec
bien plus d'assurance. Il la garde
pour nous la dispenser selon qu'il
lui plaît & qu'il est nécessaire pour
le salut de nos ames. S'il nous l'a
communiquée par les personnes
qu'il nous avoit données pour nous
conduire , il n'est pas assujetti à ces
moyens extérieurs, & on voit quelquefois que dans le tems d'abandonnement & d'affliction , Dieu
éclaire l'ame , & lui fait sentir par
lui-même le secours de sa grace.

Si nous fommes affez heureufes pour l'éprouver , & pour pofféder Dieu en ce monde , nous avons la confolation de pouvoir efpérer qu'il fera un jour notre poffeffion & notre partage dans le ciel , & que nous y pouvons monter , puifqu'il nous y appelle : mais prenons garde que pour y arriver , il faut avancer & monter ; car il eft élevé. Nous n'arriverons pas , fi nous nous arrêtons , fi nous ceffons de tendre en haut par nos defirs & par les mouvemens de notre cœur.

Nous avons en nous-mêmes un poids de corruption qui nous attire toujours en bas. Si nous avons fait fi peu de progrès dans ce chemin de la vie fpirituelle , que notre cœur tienne encore à la terre par quelqu'attache , efforçons-nous de la rompre , & foyons au moins dans la difpofition que le Prophete exprime , lorfqu'il dit : *Nos yeux font toujours élevés vers le Seigneur , comme les ferviteurs jettent les yeux fur les mains de leurs maîtres , & les*

servantes sur celles de leurs maîtresses.
Elevons nos yeux vers Dieu , afin
que lui-même les abaisse vers nous ,
& éleve notre cœur à lui. Nous a-
vons besoin qu'il nous donne sa
grace intérieurement pour nous inspirer le mouvement de le chercher , & qu'il nous accorde aussi
sa lumiere pour dissiper les ténebres de notre aveuglement qui nous
empêche de le chercher & de le
reconnoître. Si nous le cherchions,
nous le trouverions ; mais souvent
nous ne l'appercevons pas où il est
pour nous , parce que nous ne sommes point pressées du desir de le
trouver. Il est en la personne de
nos Sœurs , accoutumons-nous à
l'y reconnoître , & à l'y adorer.
Nous avons besoin de sa grace pour
cela , demandons-la , afin qu'elle
nous apprenne à ne voir que lui
en elles , que nous les considérions
comme des personnes qu'il veut
attirer à lui , & que loin de nous
scandaliser des fautes & des imperfections que nous pourrions re-

marquer en elles , nous penſions
que Dieu les y laiſſe peut-être afin
de les humilier , & qu'elles en pren‑
nent un ſujet de courir dans ſa voie
avec plus d'ardeur. Nous devons
craindre ſur‑tout de leur être un
ſujet de ſcandale , & de retarder
l'ouvrage de Dieu en elles ; nous
devons deſirer au contraire de coo‑
pérer avec ſa grace pour leur ſa‑
lut ; & puiſque la Loi ne s'accom‑
plit que par amour , notre plus
grand ſoin doit être de nourrir la
charité dans notre prochain com‑
me dans notre propre cœur.

SUITE DES AVIS

DE LA R. M. AGNES

Pour les Religieuſes exilées.

» L'ON n'a encore rien dit ſur u‑
» ne difficulté encore plus gran‑
» de qui pourra arriver , ſçavoir ſi
» l'on eſt traitée avec grande ri‑
» gueur , & exerceant des puni‑
tions

» tions & des châtimens qu'on croi-
» ra devoir infliger à des perfon-
» nes qui paſſeront pour des déſo-
» béiſſantes & des rebelles. En
» ce cas comme l'extrémité ſera
» plus grande, il faut eſpérer que
» le ſecours de Dieu ſera plus pro-
» che & plus efficace pour aider
» notre infirmité, qui ſe trouve
» également incapable de ſouffrir
» les petites choſes comme les gran-
» des ; au lieu qu'il eſt facile à Dieu
» de nous rendre fortes dans les
» grandes occaſions, après nous a-
» voir fait éprouver notre foibleſſe
» dans les moindres ; comme une
» mere laiſſe marcher un petit en-
» fant dans un chemin bien uni,
» où il ne laiſſe pas de tomber,
» mais ſans péril, au lieu qu'elle
» le prend entre ſes bras dans un
» chemin difficile, en ſorte qu'il
» ne peut être bleſſé, ſi ſa mere
» ne tombe elle même : ce qui eſt
» impoſſible de croire de la puiſ-
» ſance de Dieu & de ſa bonté,
» qui nous porte dans ſon ſein, ſi

Cc

» nous n'en sortons point par un dé-
» faut de confiance, & en cessant
» de l'invoquer comme notre pro-
» tecteur & notre azile dans les
» plus grands abandonnemens.
» Encore que nous ayons sujet de
» croire que ce seroit pour nos pé-
» chés que Dieu nous auroit li-
» vrées entre les mains de ces per-
» sonnes dures & impitoyables, il
» nous permettroit bien de nous
» consoler dans la pensée que nous
» souffririons pour avoir eu crain-
» te de l'offenser, en adhérant con-
» tre notre conscience à ce que nous
» avons cru ne pouvoir faire sans
» blesser la vérité & la sincérité
» chretienne. Ainsi nous appuyant
» sur la parole du Fils de Dieu
» qui dit que, si on aime la Véri-
» té, la Vérité nous délivrera,
» on se trouvera déja libre du re-
» mords de la conscience qui est
» une gêne insupportable, & l'on
» aura sujet d'espérer que cette cap-
» tivité extérieure, se changera en
» la liberté de enfans de Dieu.

Pf. 17.
v. 2.

Jean c.
8. v. 32.

REFLEXIONS
DE
LA R. M. ANGELIQUE

Sur les avis précedens.

JE N E fçais fi cette lecture fait le même effet en nous à préfent qu'elle auroit pû faire, il y a quelques mois, qu'il fembloit que nous étions plus ménacées, que nous ne paroiffons l'être à prefent. Cependant quand il s'agit de la Vérité, il la faut entendre avec defir de la pratiquer, & s'établir fi fortement dans cette difpofition que rien ne foit capable de nous ébranler, fi l'occafion s'en préfentoit, & que nous fuffions expofées au combat. Il eft néceffaire en tout tems de fe préparer & de fe mettre en état de fe défendre contre le péché, le monde & le démon. Nous faifons une faute fi nous nous imaginons que parce que les chofes

Le 10. Juillet.

Ccij

font un peu adoucies, nous ne fommes pas fi proches du combat.
Nous ne fçavons pas s'il eft fort
éloigné ; mais nous devons fçavoir
que ce qu'on nous demande eft un
principe fur lequel nous devons ê-
tre fondées , & une vertu qu'il ne
fera pas tems d'acquerir , lorfque
la tentation fera arrivée ; mais qui
doit être bien établie dans notre
cœur , afin qu'elle paroiffe dans
l'épreuve lorfqu'il plaira à Dieu de
nous y mettre. Il eft bon même
que la charité nous faffe fouvenir
que d'autres perfonnes y font déja,
& que nous entrions pour elles &
pour nous-mêmes dans les difpofitions où elles doivent être. La négligence nous fait fouvent oublier
ce que c'eft que la vie chretienne.
Nous ne penfons point affez à ce
que Jefus-Chrift a fait pour nous,
& l'obligation que nous avons de
lui rendre tout ce que nous pouvons. Nous fçavons ce qu'il a fouffert en mourant pour nous. Il ne
s'en eft pas contenté ; mais il a

voulu continuer dans le faint Sacrifice de la Meffe à nous donner
tous les jours ce même Corps qu'il
a offert une fois fur l'Autel de la
Croix , il a rendu par là fon facrifice & fon oblation perpétuelle.
Que pouvons-nous faire après cela , finon nous offrir auffi à lui
pour être immolées par qui il voudra , & pour fouffrir tout ce qu'il
lui plaira , afin que notre facrifice
foit uni au fien , & devienne une
même chofe pour être offert à fon
Pere , qui ne reçoit rien de nous
que par lui. La différence de la
Religion chretienne d'avec celle
qui n'étoit que juive , eft que tout
s'y doit faire en efprit. Notre facrifice n'eft pas véritable , fi lorfque
nous entendons la Meffe , nous ne
fommes pas difpofées à offrir à Dieu
tout ce que nous fommes & tout
ce que nous aimons le plus. Il faut
que notre immolation foit réelle &
véritable. Nous ne devrions point
affifter au faint Sacrifice fans cette
difpofition , & pour y entrer il fau:

droit s'accoutumer à difcerner en foi tous les différens mouvemens de la charité & de la cupidité. S. Paul nous dit que la chair combat contre l'efprit. Rentrons donc en nous mêmes pour examiner s'il y a cette guerre. Craignons d'être vaincues fi nous penfons n'avoir rien à combattre : car cette guerre ne doit finir que par la victoire que J. C. remportera en nous , lorfque le péché fera entierement détruit par la mort. Jufques - là il faut toujours combattre. Mais pour connoître fi nous avons l'avantage contre notre ennemi , il faut voir fi l'efprit eft vraiment animé de zéle contre la chair , s'il fe réjouït de ce qui afflige la nature, s'il regarde comme des fecours , que Dieu lui envoie les afflictions , les humiliations , les contradictions & les maladies qui lui arrivent.

S. Paul dit que Dieu a condamné le péché dans la chair [de Jefus - Chrift] Cette expreffion eft forte , & nous apprend que Dieu

Gal. c. 5. v. 17.

Rom. c. 8. v. 3.

haît tellement le péché, qu'il le venge en la perfonne de fon propre fils, feulement parce qu'il étoit revêtu de la reffemblance du péché. Nous devrions nous animer de zéle pour détruire en nous, non la reffemblance du péché, mais le péché même, afin d'accomplir ce qui manque à la Paffion de J. C. qui ne fera parfaite que lorfque le péché fera détruit dans tous fes membres. Les Saints demandent continuellement la vengeance dans le ciel ; combien plus les fidéles qui font fur la terre doivent - ils la defirer avec ardeur. Nous devrions nous animer contre nous-mêmes pour venger la Mort de J. C. dont nos péchés ont été la caufe, & pour détruire nos paffions qui nous empêchent de reconnoître ce qu'il a fait pour nous, & qui rendent fouvent inutiles les fouffrances qu'il a endurées , parce qu'elles étouffent en nous la voix de fon fang , & qu'elles s'oppofent à tout ce qu'il demande de nous.

Coloff. ch. 1, v. 24.

Apoc. c. 6. v. 10.

Un Prophete parlant en la personne, nous dit : *Terre, ne couvre
pas mon sang, & que mes cris ne soient
pas étouffés en toi.* Le sang de Jesus-
Christ a une voix plus puissante
que celle du sang d'Abel. Si nous
ne l'étouffions pas par le bruit de
nos passions, elle formeroit un cri
intérieur en nous, qui nous anime-
roit à venger contre nous - mêmes
la Mort du Fils de Dieu, & nous
donneroit une sainte haine du péché que nous travaillerions à détruire dans toutes les occasions qui
s'en présenteroient, & comme il
n'y en a point de plus efficaces que
celles de la mortification & de la
souffrance, nous les accepterions
avec joie pour reconnoître l'amour
que le Fils de Dieu nous a porté,
& nous ne nous en formerions pas
une idée telle que nous l'avons bien
souvent, sous prétexte qu'on est
en grand péril quand on est exposé
à de grandes souffrances. Le plus
grand péril & celui que nous devons redouter davantage est celui
de

de tomber dans une fauſſe paix &
dans un certain aſſoupiſſement, qui
nous faſſe oublier que nous avons
des ennemis à combattre. Dieu
vouloit que les Juifs qui étoient la
figure des Chretiens, fuſſent en
tous les tems diſpoſés à combattre
leurs ennemis ; & pour cela il leur
en laiſſoit toujours quelques-uns,
afin qu'ils n'oubliaſſent point l'e-
xercice de la guerre. Il nous eſt u-
tile d'avoir ſouvent des afflictions
& des tentations, afin de nous e-
xercer de telle ſorte dans les petits
combats, que nous ne ſoyons pas
ſurpriſes quand nous nous trouverons dans les grands ; mais que nous
entrions dans la diſpoſition des
Saints qui croient que c'eſt peu de
ſouffrir, & qu'il faut qu'un Chretien trouve même ſa gloire dans la
ſouffrance. On n'arrive pas à ce
dégré tout d'un coup : il y faut
monter peu à peu, & ſe ſervir de
toutes les petites occaſions pour
mortifier la nature, & s'accoutumer à l'aſſujettir à l'eſprit. Ce ſera

Dd

de cette sorte que nous nous mettrons en état de ne pas succomber
aux grandes épreuves, & nous aurons encore la consolation de penser que Dieu est un bon Pere qui
mesurera son secours à la grandeur
de notre besoin & du péril où nous
serions exposées. Nous ne sommes
pas accoutumées à espérer, parce
que nous voulons toujours mesurer
les secours de Dieu à la foiblesse
de notre imagination, & que nous
nous laissons frapper par la crainte
des maux dont nous nous croyons
menacées. Il faudroit au contraire
s'accoutumer à avoir les grandes
occasions présentes à l'esprit ; mais
jetter en même-tems les yeux
sur J. C. crucifié. Si nous avions
cet objet bien gravé dans l'esprit
& dans le cœur, & que nous fus-
sions touchées de la reconnoissance
que nous lui devons, nous n'oserions pas nous plaindre d'avoir
quelque chose à souffrir pour lui.
Ce devroit être notre joie & notre
consolation, parce que nous de-

vrions defirer par - deffus toutes chofes de voir mourir le péché en nous avant notre mort. Il n'y a que la mortification continuelle qui le puiffe détruire. L'amour propre a tellement répandu fa corruption dans notre cœur, qu'il gâte nos meilleures actions. Il ne peut être reprimé que par un foin continuel de détruire les defirs de la chair. Il feroit à fouhaiter que le mouvement du S. Efprit fût auffi actif en nous que celui de la cupidité. On ne remporte la victoire qu'à proportion de l'ardeur du courage que l'on a dans le combat. Animons-nous à y entrer avec zéle. Gravons fortement dans notre cœur ces fentimens, & ayons - les continuellement dans l'efprit, parce que les occafions du combat font continuelles, & que la fidélité que nous y aurons attirera fur nous de nouvelles graces qui feront la récompenfe du foin que nous aurons eu d'obéir à la Loi de Dieu.

❀ ❀ ❀ ❀ ❀ ❀ ❀ ❀ ❀ ❀

SUITE DES AVIS
DE LA R. M. AGNE'S

Pour les Religieuses exilées.

» CE QUI donne plus d'ap-
» préhension, c'est de mou-
» rir dans le délaissement, & de
» ne recevoir aucune consolation,
» ni aucun secours de la part des
» personnes qui seront plutôt ca-
» pables de troubler & d'inquiéter
» la conscience, parce qu'elles sup-
» poseront qu'on n'est pas en bon
» état Il est vrai que les sens ont
» horreur d'un abandonnement si
» extrême, & qui est capable de
» tenter par dessus les forces. Mais
» il faudroit avoir perdu la foi en
» Dieu & la confiance en ses pro-
» messes, pour craindre d'être dé-
» laissées de lui qui est le refuge
» des pauvres dans leurs plus gran-
» des afflictions. Notre-Seigneur
Pf. 21. » a dit à la croix : *Mon Dieu , mon*

» *Dieu, pourquoi m'avez-vous aban-*
» *donné ?* & il a voulu souffrir cette
» angoisse incompréhensible pour
» mériter à ses élus de n'être ja-
» mais délaissés de sa grace & de
» sa présence dans les plus grands
» délaissemens. Les angoisses de
» la mort sont si grandes, en quel-
» que lieu qu'on soit & au milieu
» de toutes les assistances qu'on
» puisse recevoir des créatures,
» que si Dieu ne soutenoit une a-
» me par une vertu secrete qu'il
» communique par lui - même, il
» n'y en auroit point qui pût résis-
» ter à des ennemis qui la combat-
» tent avec tant de fureur. Puisque
» les privations extérieures ne sont
» pas les plus grands maux, pour-
» quoi n'espérera-t-on pas que Dieu
» nous les fera vaincre aussi - bien
» que les autres, & qu'ayant tou-
» jours eu dans le cœur le senti-
» ment & l'estime de l'efficace de
» sa grace, il nous fera éprouver
» qu'elle est toujours victorieuse
» quand il lui plaît de la donner

Dd iij

» dans les plus grands befoins. Il
» nous commande de ne pas tour-
» ner la tête quand nous aurons
» mis la main à la charue , en nous
» engageant à le fervir & à le fui-
» vre dans quelqu'occafion , de peur
» de nous rendre indigne du royau-
» me de Dieu. Tout dépend donc
» de ne point craindre , & de de-
» meurer fermes dans ce que nous
» avons commencé, laiffant à Dieu
» la fuite & les évenemens qui en
» pourront naître. Ces occafions fi
» extraordinaires nous feront fort
» utiles pour nous faire connoître
» que notre foi & notre confiance
» ne feroient pas dignes de lui , &
» qu'elles feroient prefque toutes
» humaines , & non pas divines ,
» fi nous mettions des bornes à fa
» puiffance qui eft infinie , & qui
» fait qu'il n'a point befoin de
» l'entremife des créatures & des
» moyens extérieurs dont il lui
» plaît de fe fervir d'ordinaire pour
» faire fon action en nous, de mê-
» me qu'il n'eft point attaché à la

Luc. c.
9. v. 62.

» matiere & aux cérémonies des
» Sacremens pour en communi-
» quer la grace & l'effet qui ne dé-
» pend que de lui seul. Ce sera
» donc au contraire une mort heu-
» reuse que celle qui arrivera dans
» un tems de persécution & dans
» un lieu étranger, & parmi des
» personnes qui n'ayant aucune
» liaison avec nous, ne partageront
» point notre cœur pour le diviser
» du seul appui que nous devons
» prendre en la miséricorde de
» Dieu, dans le sein de laquelle
» les plus abandonnés trouvent
» leur refuge, & qui fait gloire de
» secourir ceux qui l'invoquent
» dans leur plus grande misere. Il
» se peut faire même qu'on trou-
» vera plus d'avantage dans cet é-
» tat qui paroît de soi-même si
» horrible ; puisque dans la paix,
» & lorsqu'on est sous la protection
» & dans l'assistance des personnes
» spirituelles, on est peut-être pau-
» vre dans cette abondance, par-
» ce qu'on s'y repose trop, sans

» appréhender que le secours de
» Dieu, qui est invisible & imper-
» ceptible à nos sens, & sans le-
» quel tous les autres sont inutiles,
» ne vienne à nous manquer.

REFLEXIONS
DE
LA R. M. ANGELIQUE
Sur les avis précédens.

Le 20
Juillet.

VOICI des avis si conformes aux sentimens de la foi, que nous avons besoin de nous les remettre souvent dans l'esprit pour nous bien persuader de ces vérités. Je crois qu'en les entendant la nature s'effraie d'une part, & de l'autre l'esprit est frappé de la pensée de la mort : mais je ne sçais si l'on ne se trouve point plus touché par la crainte de manquer de secours à cette derniere heure, que par la vue même de l'état où l'on se trouvera quand il faudra paroître devant Dieu. Cependant il est certain qu'on se trompe, si l'on est dans cette pensée. Le délaissement où l'on se trouve à l'heure de la mort est plus grand que tout autre que l'on puisse s'imaginer : mais comme nous ne sçavons jamais par expérience ce que c'est que la mort, il nous paroît que, pourvu que l'on soit assisté par des personnes en qui l'on a confiance, on ne sçauroit manquer de consolation. Cela seroit vrai, si celles que nous estimons nous pouvoient suivre quand nous paroîtrons devant Dieu; mais toutes nous abandonneront. Nous nous trouverons dans un chemin tout nouveau, où nous n'avons jamais marché, & où nous aurons besoin de nouveaux guides. Si le S. Esprit ne nous y conduit, tout autre secours nous sera inutile. La Mere Agnès marque ici que les tentations qu'on a à l'heure de la mort sont telles que tout ce qui est extérieur n'est rien en comparaison. C'est alors que les Vierges s'éveillent, & que celles qui s'é- Matth.

toient tenues en assurance de ce
qu'elles voyoient leurs lampes al-
lumées, sans se mettre en peine
de faire provision d'huile, se trouvent dépourvues de toute consolation, & en cherchent inutilement. Il n'est pas le tems d'acheter
de l'huile. Il en faut avoir acquis
par la pratique des bonnes œuvres,
& sur-tout par une charité parfaite & une humilité sincere qui donne confiance de paroître devant
Dieu, & qui empêche qu'on ne
soit effrayé de ce qui se passe au dehors.

2. Thess.
c. 5. v. 2.   S. Paul parlant de la venue de
J. C. nous avertit qu'il viendra
comme un voleur. Cette expres-
sion peut effrayer : car on craint un
voleur. Mais il dit après qu'il n'y
v. 4. a point de nuit pour un Chretien.
On ne craint les voleurs que pendant la nuit ; car ils ne sçauroient
surprendre pendant le jour : ainsi
v. 5. v. 7. il les exhorte de marcher comme
des enfans de lumiere, & de ne
pas ressembler à ceux qui étant

yvres s'endorment pendant le jour même. On s'assoupit quand on tombe dans l'oubli de Dieu, & ceux qui se laissent enyvrer par l'amour du monde ferment les yeux à la lumiere, & sont ensevelis dans les ténebres. C'est ce mal là qu'il faut craindre, & non pas de se voir abandonnées des hommes. Les Vierges sages ne doivent pas se laisser posséder par des sentimens si humains. C'est l'Agneau qui est leur lumiere. Elles n'ont point besoin qu'on les éclaire. Elles ont toujours leurs lampes dans leurs mains. Elles portent J. C. dans leur cœur, & elles ne craignent point les plus grands périls, parce qu'il est avec elles. Leur lumiere ne s'éteint point durant la nuit. Il leur a promis d'être avec elles jusqu'à la fin du monde, & il ne permettra point qu'elles tombent dans l'égarement tant qu'elles seront avec lui. Nous avons besoin de nous remettre ces vérités dans l'esprit, & de nous dire souvent à nous-mê-

Apocal. ch. 21. 22. 23.

mes que nous fommes les enfans de la lumiere , afin que nous fouvenant que nous fommes toujours expofées à la vue de J. C. nous ayons foin d'élever fouvent nos yeux vers lui. Nous ne fçaurions être en aucun lieu , que J. C. ne voie nos mouvemens, nos penfées & nos defirs. Cela devroit nous obliger à éloigner les fauffes idées que nous avons de la mort, & nous devrions faire paroître fur ce fujet que nous fommes véritablement fidéles , & que nous la regardons comme le terme du péché , & le dernier tribut que nous devons à la juftice de Dieu. Nous ne devrions point juger humainement du befoin où nous trouverons à l'heure de la mort ; il faudroit feulement nous mettre en peine d'amaffer un tréfor dans notre cœur , & de le remplir de foi , d'efpérance & de charité.

Saint Paul nous dit de nous revêtir de la charité comme d'une cuiraffe , & de nous armer de l'ef-

pérance comme d'un casque. Il faut
à cette heure combattre seul à seul.
On ne parle pas même de l'épée
de la parole de Dieu. On n'a plus
qu'à défendre le cœur & la tête
contre la défiance & la présomp-
tion, & à se fortifier dans la foi,
l'espérance & la charité, ne regardant point ce qui pourroit arriver
de la part des hommes, qui ne doivent pas être capables de nous é-
branler ; mais étant toutes occupées de la venue de J. C. qui nous
a aimées, & que nous devons espérer qui nous mettra par la mort
dans la jouissance & dans la possession de tous les biens qu'il nous a
acquis par son sang.

Quand on parle comme l'on fait
dans ces avis que nous venons de
lire, & que l'on regarde comme
une grande occasion de souffrance,
celle d'avoir à supporter à l'heure
de la mort des personnes qui nous
diroient des paroles dures, ou seulement qui ne nous donneroient
pas les consolations dont nous croi-

rions avoir beioin, l'on s'accommode à notre foiblesse. Mais ce n'est pas là le langage que l'on tenoit aux premiers Chretiens : ils n'auroient pas regardé comme une peine d'avoir à souffrir quelques paroles d'insulte & de mépris ; ils avoient à soutenir la cruauté des bourreaux qui les fouettoient, leur brisoient les membres, les écorchoient & les faisoient mourir par les supplices les plus cruels ; & c'étoit leur joie & leur gloire de pouvoir donner leur vie pour Jesus-Christ, parce qu'ils étoient touchés d'amour & de reconnoissance de ce qu'il avoit donné la sienne pour eux. Il n'a pas moins fait pour nous, mais nous avons moins d'amour pour lui. C'est ce que nous devons reconnoître avec gémissement, & déplorer le malheur de ces derniers tems, où la charité étant refroidie, ce qui n'auroit paru rien aux Saints qui avoient beaucoup d'amour pour Dieu, nous paroît fort difficile. Nous nous dé-

: courageons dans les moindres com-
: bats , parce nous ne ſommes ac-
: coutumées ni préparées à la guerre.
: Cependant *nous ſommes les enfans*   Tobie
: *des Saints* , nous eſpérons avoir   6. 7. 5.
: part a la gloire & au bonheur dont
ils jouiſſent. Que devrions-nous
donc faire ? Nous humilier au
moins , de nous voir ſi éloignées de
ſuivre leurs traces.

Lorſque nous célébrons les fêtes
des Martyrs , nous devrions nous
animer par leur exemple à faire
quelque nouvel effort pour témoigner à Jeſus-Chriſt notre reconnoiſſance, puiſque nous ne lui ſommes pas moins redevables qu'ils l'é-
toient. S. Paul veut que ſi nous
avons déja ſouffert quelque choſe,
nous oublions le paſſé , & que nous   Philip.
ſupportions avec courage tout ce   ch. 3. v.
que nous aurons à ſouffrir de nou-   13. 14.
veau , nous ſouvenant de la palme
& de la victoire qui eſt promiſe.
En quel rang nous mettons-nous ?
Que prétendons nous recevoir de
Dieu, quand nous ſommes ſi lâ-

ches que nous ne voulons pas nous
faire violence dans les moindres
occasions pour remporter la victoire sur nous-mêmes & contre les ennemis de Dieu ? J. C. promet dans
l'Apocalypse de grandes récompenses à celui qui remportera la
victoire ; pourquoi nous en prive-
rons-nous par notre faute ? Nous
ne pensons pas assez à la qualité
des Chretiens qui composent le
Corps de Jesus-Christ, mais qui
sont aussi tous appellés à être *sem-*
blables à lui, & pour remporter la
victoire avec lui. Si le combat paroît au-dessus de nos forces, souvenons-nous qu'il a vaincu le premier pour nous, & qu'il remportera encore la victoire pour nous,
si nous mettons toute notre confiance en lui, & que nous lui demandions son secours avec foi &
avec amour. Si les Chretiens se
nourrissoient des sentimens de la
foi, ils regarderoient comme rien
tout ce qu'ils pourroient souffrir
pour Dieu. Ils s'estimeroient heu-

reux

reux d'en rencontrer des occasions,
& ils croiroient qu'elles seroient
infiniment au-dessous de ce qu'ils
lui doivent, & des biens qu'il leur
promet. Prions-le de nous donner
ces sentimens afin que nous sortions
avant que de mourir, de cette bas-
sesse d'ame dans laquelle nous nous
entretenons depuis si long-tems ;
que nous nous humilions au moins
de nous y trouver encore, & que
le regret que aurons nous porte à
desirer avec ardeur une foi sincere,
une espérance ferme, & une charité parfaite. Demandons incessamment ces vertus, & ne nous las-
sons point de travailler à les acquerir. Quand on les possede &
que le cœur s'est laissé gagner par
la charité, il semble qu'on ne fasse
plus d'effort, parce que rien ne
s'oppose à l'amour, & que les plus
grandes difficultés lui deviennent
surmontables. Néanmoins souvenons-nous que pour être fidéles
dans les grandes occasions, il faut
commencer par l'être dans les peti-

tes ; & que Dieu qui n'eſtime que
la charité , nous donnera la même
récompenſe pour les moindres choſes que pour les plus grandes , ſi
nous les faiſons avec la même foi
& avec autant d'amour. Quoique
nous nous reconnoiſſions fort éloignées de ce dégré de vertu , ne laiſſons pas d'y tendre , & de ſouhaiter de tout notre cœur d'y arriver.
Un de nos plus grands maux eſt
notre aſſoupiſſement , & la tiédeur
dans laquelle nous nous entretenons , qui fait que nous ne penſons
ſeulement pas que nous ſoyons o-
bligées d'arriver à la perfection.

SUITE DES AVIS

DE LA R. M. AGNE'S

Pour les Religieuſes exilées.

I. Eph.
c. I. v. 7. » **S**AINT Pierre nous apprend
» qu'encore que notre foi ſoit
» plus précieuſe que l'or , elle doit

» être éprouvée par le feu, comme
» en ayant besoin pour recevoir sa
» pureté & son lustre ; & puisque
» c'est une moindre grace de croire
» en Dieu que de souffrir pour
» Dieu, étant nécessaire que la
» foi soit éprouvée par les œuvres,
» & les œuvres même étant peu
» de chose ou plutôt rien du tout, si
» elles ne sont produites par l'Es-
» prit de Dieu qui est souvent bien
» empêché par le mélange de notre
» amour propre, il n'y a rien de
» plus assuré que d'être dans l'af-
» fliction, & d'y avoir été jetté
» par l'ordre de Dieu comme dans
» une piscine salutaire, où nous
» recevrons la santé de nos ames.
» Il y a long-tems qu'on nous
» instruit de ces vérités, & que
» nous reconnoissons qu'elles sont
» nécessaires pour être véritable-
» ment à Dieu ; mais comme il est
» difficile de les pratiquer, & qu'il
» faut pour cela mourir à toutes
» choses, c'est à quoi l'on ne se
» peut résoudre, si Dieu, ou par

» un redoublement de grace , ou
» par une néceffité inévitable n'y
» réduit les ames , qui fans cela fe-
» roient demeurées dans une vie
» médiocre qui n'auroit pas répon-
» du à la fainteté de notre vocation.
» Car encore qu'il ne parût rien
» que d'avantageux pour cela dans
» l'état faint où il nous a engagées,
» néanmoins il peut voir dans fa
» fageffe divine que nous avons
» befoin d'autres chofes , & que
» la guerre nous feroit plus utile
» que la paix. Il lui a plu de per-
» mettre que cette tempête s'éle-
» vât , & peut-être nous voudra-
» t-il jetter dans la ventre de la
» baleine comme Jonas , felon que
» feue notre Mere nous l'a dit , a-
» fin que d'un lieu fi profond , &
» qui femble hors d'efpérance de
» falut , il entende les cris & les
» prieres que nous lui offrirons
» comme d'un faint temple dans
» lequel il nous écoutera , & nous
» fera arriver au port avec plus
» d'affurance que nous n'aurions

Jonas
c. 2.

» trouvée dans le vaisseau où nous
» étions embarquées.

✳ ❈✳❈ ✳ ❈ ✳ ❈ ✳ ❈ ✳ ❈✳ ✳

REFLEXIONS

DE

LA R. M. ANGELIQUE

Sur les avis précédens.

VOICI de si grandes vérités, qu'il ne faut que demander à Dieu qu'il les grave dans notre cœur. Ce sont des paroles de croix que la chair & le sang n'entendent point, & ausquelles l'esprit répugne, non pas qu'il veuille disputer contre la vérité ; mais parce qu'on voudroit se sauver d'une maniere plus ordinaire. Cependant je ne sçais qui se sauve d'une maniere ordinaire ; mais je sçais que quand Dieu nous appelle à le suivre dans une voie que lui-même nous marque, si nous ne marchons, nous n'arriverons point jusqu'à lui, & nous demeurerons dans le chemin.

Le 24 Juillet.

C'eſt à lui qu'il appartient de choiſir la voie par laquelle il nous veut attirer à lui. Il ſçait ce qui nous eſt néceſſaire. S'il veut nous jetter dans le ventre de la baleine, c'eſt là qu'il veut accomplir notre ſalut, & nous n'avons qu'à le laiſſer faire. Si nous avons prié ſincerement en lui demandant ſa miſéricorde, nous avons peut-être demandé ces afflictions, parce qu'il n'y avoit pas d'autres moyens de nous détacher des créatures, & de nous faire mourir à nous-mêmes. Si nous ſommes touchées des vérités de l'Evangile, & que nous deſirions de tout notre cœur de les embraſſer, nous ne nous étonnerons pas de nous voir obligées d'entrer dans la voie étroite, puiſqu'il n'y a point de ſalut pour ceux qui ſont dans la voie large. Il eſt ſi facile de s'accoutumer à un certain repos, où l'on ne trouve point de contradiction ni de ſouffrance, qu'il eſt à craindre qu'on ne s'y relâche, & qu'on ne s'élargiſſe peu à peu la voie ; c'eſt pour-

Jonas c. 2.

Matth. c. 7. v. 13.

quoi nous devons remercier Dieu,
quand il nous envoie des afflictions qui nous rendent la voie plus
étroite, & qui nous font connoître si nous en sommes éloignées.
Saint Pierre dit, que notre foi est I. Pierre
beaucoup plus précieuse que l'or c. 1. v. 8.
qui a passé par le feu ; mais il faut
donc qu'elle soit éprouvée, & que
le feu de l'affliction & de la souffrance fasse connoître son prix.
Nous sçavons assez ces vérités, &
quand il n'est question que d'en
parler, nous n'ignorons pas de quelle maniere il le faut faire ; mais pour
connoître si ce sont les sentimens de
la foi, ou les lumieres de l'esprit qui
nous apprennent le langage de la
croix, il faut voir si le mouvement
du cœur embrasse avec une pleine
volonté ce que l'esprit connoît.

On peut connoître la Vérité ;
mais quand elle n'est que dans l'esprit ou dans la mémoire sans qu'on
ait une pleine volonté de la suivre,
elle devient inutile, & elle est même
la condamnation de ceux qui man-

quent de lui obéir. C'eſt pourquoi
il eſt bon de s'examiner, & de voir
ſi l'on n'a point de réſerve pour
accomplir ce qu'elle nous ordonne,
& il eſt encore plus utile d'avoir
occaſion de le connoître par l'é-
preuve même, lorſqu'il plaît à Dieu
de nous y mettre. Dieu ſçait quels
ſont les vaſes dignes de lui. Si nous
ſommes de l'or, il eſt néceſſaire
que nous ſoyons éprouvées dans la
fournaiſe. S. Auguſtin expliquant
ces paroles de S. Paul que le corps
corruptible recevra l'immortalité,
dit que « comme les métaux ſont
» changés dans le feu par une eſpe-
» ce de miracle ; auſſi le corps ſe-
» ra changé dans la terre pour reſ-
» ſuſciter incorruptible. » Mais on
peut dire que ce qui ſe paſſe dans
la réſurrection des corps, arrive
auſſi dans celle des ames. Le péché
a fait une ſi forte impreſſion dans
l'ame de l'homme qu'il eſt devenu,
ſelon la parole de l'Ecriture ſemblable à la vanité, lui qui avoit
été créé pour être ſemblable à la
Vérité

1. Cor.
c. 15. v.
52.

Pſ. 143.

Vérité, & qui pouvoit, s'il fût
demeuré attaché à Dieu, & qu'il
eût conservé la premiere forme
qu'il lui avoit donnée, devenir une
même chose avec lui : mais il est
déchu de cette haute dignité, &
ayant cessé d'aimer Dieu qui est
son souverain bien, il a attaché
son cœur à la vanité, & par conséquent il y est devenu semblable. Il
ne peut donc plus retourner à Dieu,
& reprendre la figure de son image, qu'il ne soit formé de nouveau ;
& pour cela il faut qu'il entre dans
la fournaise, & que l'impression
de la douleur, ou le feu de la pénitence consume tout ce qui est en
lui de son ouvrage, afin qu'il puisse être créé de nouveau, & devenir conforme à la Vérité par la res-
semblance qu'il aura à J. C. dans
ses croix & ses humiliations, pour
lui être un jour rendu semblable
dans sa gloire & dans son repos é-
ternel. Le feu est âpre, il est vrai :
mais si l'on s'en plaint, on n'est
pas assez persuadé de la perte qu'on

a faite d'un si grand bien , & de la reconnoiffance que l'on doit à la bonté de Dieu , qui nous offre le moyen de le recouvrer. Si l'on pouvoit voir ce qui fe paffe dans un cœur vraiment pénitent , on verroit que ce n'eft pas fans douleur qu'il reprend une forme nouvelle , & que le péché s'efface en lui. Nous ne fçaurions dire comment cela fe fait. Dieu opere diverfement dans les ames : mais il eft certain qu'il ne les purifie , & ne les fait rentrer en fa grace que par le feu de la douleur , foit qu'il leur impofe lui - même des peines , foit qu'il leur infpire d'en embraf-fer de volontaires , & de fe faire violence à eux - mêmes pour ravir le royaume du ciel. Si le feu de la charité eft bien allumé dans leur cœur, il les poffédera fi vivement, qu'il leur rendra doux & fupportable celui de la fouffrance , quelque grand qu'il puiffe être : & fans ce feu d'amour & de grace , tout autre feu eft inutile , & c'eft en

Matth.
ch. 11. v.
12.

vain qu'on fait des efforts quand
la charité ne les fait pas faire.
Quand Dieu lui - même nous envoie des maladies, des afflictions
& des humiliations, & que nous
nous trouvons obligées de faire tout
ce que nous ne voudrions pas ; si
nous souhaitons de perdre la forme du péché & du vieil homme
pour reprendre celle du nouveau ,
nous nous réjouïrons de ce que
Dieu nous donne par là des marques de sa bonté & du soin qu'il a
de notre salut , & que voyant que
nous sommes trop lâches pour entreprendre de nous faire les violences nécessaires , il lui plaît d'y
mettre la main, & d'y ajouter les
maux que lui - même nous choisit,
pour marque qu'il veut faire quelque chose de nous.

Quand nous nous trouvons réduites par une espece de nécessité
dans quelqu'état d'affliction & de
douleur que nous n'avons pas choisi, nous avons sujet de nous consoler, & nous ne devons plus nous

mettre en peine de rien , puifque
nous ne fçaurions douter de la volonté de Dieu , & que nous fommes de plus affurées de fon amour.
Nous n'avons plus rien à faire qu'à
le louer dans quelqu'état que nous
nous trouvions, de maladies, d'afflictions , de pauvreté , d'humiliation , de contradiction , &c. Il le
faut benir fi nous avons été véritablement converties , fi nous
avons connu quel malheur c'eft à
une ame de fe trouver éloignée de
Dieu , & engagée dans la captivité du démon. Nous avons dû defirer fur toutes chofes de fortir d'un
état fi déplorable , & promettre à
Dieu par avance que nous lui rendrions des vœux pour le falut de
notre ame. C'eft le tems de les accomplir : fi nous nous en étions ac-
quittées plutôt , nous n'aurions pas
befoin que Dieu nous y obligeât
lui - même ; mais néanmoins c'eft
une miféricorde de ce qu'il le fait.
Il ne faut point nous mettre en
peine de fçavoir quelles feront les

afflictions dans lesquelles nous pourrons tomber, & encore moins vouloir connoître quelle est la haine de nos ennemis contre nous, & les desseins qu'ils forment pour nous perdre : il faudroit seulement nous appliquer à discerner quelle est notre disposition. Si elle est bonne, nous avons sujet de croire que Dieu s'en contentera. Si nous nous sommes bien purifiées nous-mêmes, nous avons lieu d'espérer qu'il ne nous mettra point dans la fournaise de l'affliction, ou que s'il nous y expose, c'est pour nous favoriser plus que d'autres, c'est pour nous faire acquerir des couronnes, dont nous n'aurions qu'à le louer & à le benir, bien loin de nous allarmer & de craindre : car l'affliction n'est pour nous une tentation dangereuse, que lorsque nos péchés en sont la cause ; & même encore que cela soit, elle ne laisse pas de devenir pour nous une marque de la miséricorde de Dieu, parce qu'elle sert à nous en retirer,

& nous donne moyen de fatisfaire à la juftice de Dieu. La nuit s'avance ; fi nous ne nous hâtons de fortir de nos négligences , nous fommes en danger d'être furpris par les ténebres. Nous ne devons donc pas appréhender que Dieu nous preffe de marcher quand nous n'avons pas affez de courage pour le faire comme il nous y a exhorté tant de fois par fa divine parole. On s'imagine que parce qu'on eft foible , on n'eft point capable de porter l'affliction ; & c'eft au contraire par cela même qu'on en a befoin , afin qu'elle nous preffe & nous contraigne de pratiquer les vertus que la charité n'a pas été affez forte pour nous porter à embraffer. Nous fommes obligées par notre profeffion à pratiquer l'humilité , la dépendance , la pauvreté, le filence & la féparation des créatures. Si nous nous en trouvons éloignées , nous devons croire que ce feroit une miféricorde de Dieu de permettre que nous fuffions dif-

persées dans des Maisons étrangeres où nous nous trouverions obligées de les pratiquer. Si on étoit
avec des personnes qui n'eussent
que du mépris, il faudroit par nécessité être humiliées devant elles.
Si elles nous assujettissoient avec
empire, il faudroit bien leur être
soumises. Si elles nous refusoient
les choses nécessaires, il n'y auroit pas moyen de s'exempter de
souffrir la pauvreté.

Le silence devient comme na-
turel, & il est nécessaire de se taire quand on se trouve avec des personnes qui ne disent rien qui ne
soit dur aux sens & pénible à l'esprit. Il ne faut pas dire qu'on n'y
gagneroit rien, parce que cela seroit involontaire. Il est vrai qu'il
n'en faudroit point attendre de récompense, si l'on manquoit à se
soumettre à l'ordre de Dieu : mais
si nous voulons bien le laisser faire,
& que reconnoissant son amour
dans le soin qu'il prend de notre
salut, nous commençions à l'aimer

de tout notre cœur, nous rendrons comme volontaire la néceſſité où il nous a réduites , & par conſéquent nous ne laiſſerons pas d'avoir part au feſtin des nôces, où lui - même commande qu'on contraigne d'entrer quelques - uns de ceux qui n'ont pas eu aſſez de courage pour y venir d'eux - mêmes , dans le tems qu'il fait chaſſer de ce même feſtin celui qui y eſt entré ſans avoir la robe nuptiale , c'eſt- à-dire la charité. Nous pourrions eſpérer que Dieu n'uſeroit point envers nous de cette voie de contrainte , & que nous n'aurions pas beſoin qu'il nous jettât lui - même dans la tempête , ſi nous pouvions dire que la charité de J. C. nous preſſe de telle ſorte , qu'elle nous fait mourir au monde & à nous-mêmes , pour ne plus vivre qu'à celui qui eſt mort & reſſuſcité pour nous : mais ſans cela je ne ſçais ſi nous devons deſirer d'être préſervées de l'affliction , puiſqu'il ne nous ſeroit pas avantageux d'en être exemptées pour demeurer dans nos négligences & nos attaches, & qu'au contraire c'est un bien que nous nous croyions obligées de nous réveiller & de nous détacher des choses à quoi nous nous amusons trop.

SUITE DES AVIS

DE LA R. M. AGNE'S

Pour les Religieuses exilées.

» Notre Pere S. Bernard
» nous apprend que la Re-
» ligion renferme des avantages
» qu'on ne trouve point ailleurs.
» C'est en ce lieu , dit - il ,
» que l'on vit avec plus de pureté,
» où l'on tombe plus rarement dans
» les fautes, où l'on s'en releve plus
» promptement quand on y est
» tombé, où l'on se repose en Dieu
» avec plus d'assurance , où l'on est
» plus souvent arrosé de ses gra-
» ces , l'on meurt avec plus de

» confiance, l'on est plutôt purifié
» de ses péchés, & l'on est recom-
» pensé de Dieu avec plus de libé-
» ralité que dans une autre vie.

 » D'où vient donc que nous n'é-
» prouvons pas ces effets admira-
» bles ? & qu'étant dans un Mo-
» nastere qui devroit être fertile
» en ces biens spirituels , il nous
» devient comme un desert qui ne
» produit presque rien que des ron-
» ces & des épines, sinon parce
» que nous n'avons pas cultivé a-
» vec assez de soin la terre de no-
» tre cœur : ce qui peut-être obli-
» gera Dieu de prendre une autre
» conduite sur nous , & de nous
» traiter comme il a traité autre-
» fois la fille de Sion qu'il ne vou-
» loit pas perdre , mais seulement
» corriger : ce qui lui fait dire par
» un Prophete : *Vous viendrez à*
» *Babylone, c'est là que vous serez*
» *délivrée.* S'il lui plaît de pronon-
» cer cette sentence , en nous ti-
» rant d'une terre sainte pour nous
» mettre en une autre qui sera

Michée
Cap. V. 10.

» étrangere à notre egard, pourvu
» que ce ſoit pour nous délivrer de
» nos miſeres, elle nous ſera avan-
« tageuſe.

» Ce ſera dans ces Monaſteres
» étrangers que nous vivrons avec
» plus de pureté, ne trouvant point
» une paix & une ſatisfaction ſen-
» ſible, qui ſont l'objet de l'amour
» propre, qui s'introduit dans les
» religions auſſi - bien qu'ailleurs.
» L'on fera moins de fautes étant
» délivrées de ces attaches. L'on
» ſe relevera plutôt de celles qu'on
» fera par l'infirmité de la nature
» qui ſuccombe quelquefois à la
» ſouffrance, mais que la même
» ſouffrance aide à ſe relever par
» la vertu que Dieu lui donne
» contre les maux qui ſont la cauſe
» de ſes chutes, ſelon ce que dit
» S. Paul : que l'affliction produit   Rom. c.
» la patience. L'on ſe repoſera a-   5. v. 2.
» vec plus d'aſſurance, n'ayant
» point à craindre un faux repos
» qui ne ſe trouvera point dans u-
» ne vie ſi déſagréable aux ſens.

» L'on recevra des graces secretes
» de Dieu plus fréquemment ,
» parce que ses graces ne seront
» point empêchées par les inter-
» ruptions qu'on y apporte en se
» cherchant soi - même , quand il
» n'y aura pas lieu de se trouver
» & de se plaire dans un état si
» violent.

» Enfin la mort qui est si terri-
» ble deviendra plus douce dans la
» vûe de la confiance qu'on aura
» sujet d'avoir que Dieu nous ayant
» rejettées dans un tems , pour
» nous purifier entierement , ce
» sera pour nous recevoir dans un
» autre entre les bras de sa miséri-
» corde , & qu'il couronnera en
» nous les dons de patience & de
» persévérance dont il aura été lui-
» même l'auteur.

✕✕✕✕✕✕✕✕✕✕✕✕✕✕✕✕✕✕✕✕✕✕✕✕✕

REFLEXIONS

D E

LA R. M. ANGELIQUE

Sur les avis précedens.

NO u s voici à la fin des avis que nous avons lus pour nous conduire dans une épreuve où Dieu ne nous a pas exposées. Nous avons commencé à les lire dans un tems où nous nous croyons bien proches de l'occasion de les pratiquer. Nous ne la voyons pas de si près à l'heure qu'il est , mais il est bon de ne la pas perdre de vue , & d'entrer dès à présent dans les dispositions qui nous seroient nécessaires alors. La Mere Agnès a prévu que Dieu nous y pourroit exposer , & nous avons lieu de reconnoître que nous l'y obligerions, si nous ne profitions pas plus que nous n'avons fait jusqu'ici des avantages que Dieu nous a donnés

dans cette Maiſon. Les Monaſteres peuvent être regardés dans l'E-
gliſe comme des paradis de Dieu
qu'il arroſe lui-même des dons de ſa
grace , & où il plante les ames qu'il
veut qui rapportent des fruits de la
vie éternelle en plus grande abondance. Mais je ne ſçais ſi en conſidérant les faveurs particulieres que
Dieu a faites à cette Maiſon , les
lumieres extraordinaires qu'il lui a
communiquées , & les torrens de
graces & d'inſtructions , dont il
l'a , pour ainſi dire , inondée , on
n'auroit point ſujet de dire qu'elle
a autant d'avantage au-deſſus des
autres Communautés , que les
Communautes en ont au-deſſus de
l'état general des Chretiens en ce
tems-ci. Je ſçais que c'eſt la pen-
ſée que pluſieurs de nous ont eue ,
lorſqu'elles l'ont choiſie pour leur
retraite , & que toutes tant que
nous ſommes demeurons d'accord
que nous pourrions dire avec le Prophete, *Non fecit taliter omni nationi;*
mais ſi l'on vient a conſidérer notre

PC. 147.

reconnoiſſance , notre conduite &
nos ſentimens , oſeroit - on dire
que notre vertu eſt autant diſtin-
guée de celle du commun des Religieuſes que notre Maiſon l'eſt des
autres par les graces que Dieu lui
a faites. Nous ſçavons le contraire,
& nous ſommes obligées de reconnoître avec humilité qu'il y a pluſieurs bonnes Religieuſes qui ayant
moins de lumiere que nous , pratiquent avec plus de fidélité ce
qu'elles connoiſſent , & qui ſeront
nos juges. Saint Bernard parlant
des Monaſteres , dit que « l'avan-
» tage qu'il y a, c'eſt qu'on n'y tom-
» be pas ſi ſouvent que dans le
» monde , & qu'on s'y releve plus
» facilement ; » mais je ne ſçais ſi
en conſidérant la négligence de pluſieurs perſonnes Religieuſes , on
n'auroit pas ſujet de dire qu'elles
tombent plus ſouvent qu'elles ne feroient , ſi elles étoient demeurées
dans le monde. La Loi , ſelon S. _{Gal. c.}
Paul, donne lieu aux tranſgreſſions. _{3. v. 19.}
Côme il y a plus de loix en religion,

on ne fçauroit faire un pas hors de la
regle que l'on ne tombe. Il faut donc
dire qu'une bonne Religieufe tombe moins ; mais qu'une Religieufe imparfaite & négligente tombe
par tout. Cela ne doit pas faire a-
bufer de l'état de la religion , &
faire dire, comme les gens du monde font quelquefois : qu'il vaut
mieux conferver fa liberté que de
la donner à Dieu dans la religion,
puifque tout y devient péché. Uue
ame qui s'eft donnée à Dieu volontairement , ne craint rien tant que
de lui déplaire, & eft ravie de trouver des chaînes qui la retiennent
& l'empêchent de l'offenfer ; mais
ces chaînes lui font volontaires ,
parce qu'elle les a embraffées de
bon cœur , & qu'elle aime à porter le joug. Plus Dieu multiplie
les loix , & plus on doit croire que
l'on reçoit des marques de la grandeur de fon amour. Mais il eft
certain auffi que fi l'on néglige de
les pratiquer , on en devient plus
coupable , & l'on éloigne la rofée

de

de la grace qui y feroit trouver de
l'onction, & les rendroit faciles à
pratiquer. Je crois qu'une des cau-
ses pourquoi on est privé de cette
rosée de grace, c'est qu'on ne ren-
tre point dans son cœur pour le
rendre sensible aux bienfaits de
Dieu, & pour l'appliquer à se mé-
priser soi-même. Nous voyons qu'u-
ne terre arrosée & échauffée pousse
toujours. Si une ame avoit une
sainte ardeur qui l'altérât de la justice, & qu'elle se tînt toujours
exposée devant ce divin soleil pour
être embrasée de son amour, il
seroit impossible qu'on n'en vît pas
les effets. On s'appercevroit que
la charité seroit en elle, & l'onction dont elle seroit remplie au-de-
dans se répandroit jusqu'au dehors,
comme il est écrit que l'onction qui
étoit sur la tête d'Aaron descendit
jusques sur la frange de son vête-
ment. Une ame arrosée par l'onction du Saint Esprit fait paroître
qu'elle aime tous les membres de
Jesus-Christ. Elle est disposée à

Gg

leur pardonner, à les excuſer, a
les ſupporter, à ſouffrir ſans s'en
plaindre, toute ſorte de mauvais
traitemens, à avoir compaſſion de
leurs défauts, enfin à ſe donner elle-même. C'eſt ſur cela que nous
devons nous examiner pour voir ſi
étant plantées dans le paradis de
Dieu, nous avons rapporté les
fruits de juſtice qu'il demande de
nous. Si nous ne l'avons pas fait,
ce ſeroit peut-être un effet d'une
plus grande miſéricorde de Dieu
qu'il permît qu'on nous tranſplan-
tât dans d'autres Maiſons, pour é-
prouver ſi cela ne nous porteroit
point à rentrer dans notre cœur
pour y chercher Dieu. C'eſt un effet de ſa bonté quand il lui plaît
de s'appliquer à nous y faire rentrer, même par violence; & nous
n'avons qu'à le laiſſer faire, &
nous ſoumettre à tout ce qu'il veut.
Il y a dans les Pſeaumes une parole qui mériteroit qu'on y fît une
grande attention. Le Prophete dit
Pſ. 17. à Dieu, qu'il ſera ſaint avec celui

qui est saint, & qu'il sera comme méchant avec celui qui est méchant.
Cela nous apprend que Dieu néglige les négligens, & qu'il cache
sa miséricorde à ceux qui ont irrité
sa justice. Prenons garde de tomber dans ce malheur; ayons incessamment recours à la bonté de Dieu
pour le prier d'avoir pitié de nous,
& de ne pas permettre que nous
y tombions : ne nous contentons
pas de nous voir hors des occasions
de commettre de grands péchés :
croyons que la négligence en
peut être un très-grand, & d'autant plus dangereux qu'il le paroît
moins. Il n'est pas si facile de s'en
relever que l'on pouroit s'imaginer.
Qui sont ceux qui s'en relevent ?
Ce sont ceux qui ont le cœur vraiment contrit & humilié. Mais qui
peut s'assurer de l'avoir ? Et combien est-il facile de transgresser la
loi dans les petites choses, dont
on ne s'apperçoit quasi pas, qui
cependant forment de certains dégrés d'accoutumance dont on ne se

releve que rarement. Le cœur de
l'homme a ce malheur, qu'il n'y a
rien qui ne lui devienne en habitude ; & depuis que cela eſt, les
choſes les plus ſaintes ne ſervent
plus, mais nuiſent, parce qu'on
s'y repoſe : ce qui fait qu'au lieu
de porter des fruits, on n'a que
des feuilles. On s'accoutume à né-
gliger les obſervances, les cérémonies & les reglemens ſans qu'on
s'en apperçoive. Tous nos exercices ſont ſi ſaints, que ſi on les faiſoit avec l'eſprit de piété qui les
doit animer, on arriveroit bien-
tôt à la perfection. Par exemple
on s'accuſe au Prêtre dans la Con-
feſſion, & au Chapître devant la
Communauté, on le fait pour ſatisfaire à ſes fautes. Si cette accuſa-
tion étoit accompagnée d'une ſincere réſolution de ſatisfaire à Dieu,
on verroit la douleur que l'on a
eue par le changement du cœur ;
& ce changement produiroit celui
de la conduite extérieure. Chaque
faute demande une ſatisfaction pro-

protionnée, & la différence des fautes demande une vigilance particuliere pour les réparer. On n'ordonne pas toujours des penitences
au Chapître pour les fautes qu'on
y accuse, on l'ordonne à confesse ;
mais assurément cela ne suffit pas,
si on ne s'est imposé à soi-même une
satisfaction proportionnée, & qui
nous oblige à nous corriger : sans
cela je ne sçais s'il faut appeller ces
secours une rosée de graces. Car S.
Paul dit, qu'une terre qui a été arrosée & cultivée, & qui ne rapporte point de fruit sera bien-tôt
dans la malédiction.

Hebr. c.
6. v. 8.

S. Augustin assure que « ceux
» qui sont à Dieu peuvent obtenir
» le pardon de leurs péchés en pro-
» nonçant l'Oraison du Seigneur.
Cela est vrai quand on est dans la
charité ; le pardon est facile à obtenir, parce que les fautes n'étant
point volontaires, Dieu les remet
bien-tôt, & qu'il n'y a point de
scandale pour ceux qui aiment la
Loi. Et c'est l'état où nous de-

vrions être. Une vraie Religieuse se doit appliquer à aimer, & à
accomplir la Loi de Dieu ; sa volonté la doit toute embrasser, elle
ne doit point faire de discernement
en ce qui est petit ou ce qui est
grand ; il lui suffit que Dieu lui
commande, & qu'elle ne se peut
reposer plus surement que dans l'a-
mour de sa Loi. Si nous n'en sommes pas là, au moins tenons-nous
dans la crainte, afin qu'elle repri-
me en nous l'inclination que nous
avons à nous dispenser de sa Loi.
Si après avoir embrassé volontairement le joug de Jesus-Christ, nous
sentons que celui de notre volonté nous entraîne, souhaitons au
moins d'être contraintes de la rompre. Si nous ne sentons pas encore
la douceur du joug de J. C., prenons résolution de porter le joug
de la crainte, excitons-nous-y en
nous souvenant des punitions que
Dieu exerce contre ceux qui s'aiment eux-mêmes, & appréhendons que quand il viendra à com-

Matth.
c. 11. v.
v. 30.

parer les graces qu'il nous a faites
avec l'amour & la reconnoissance
que nous avons pour lui, il n'ait
lieu de nous condamner & de nous
reprocher qu'ayant tout fait pour
nous, nous ne faisons rien pour lui.
Quand Jesus-Christ demanda à
S. Pierre s'il l'aimoit plus que les
autres, il fut surpris. Je ne sçais
s'il nous faisoit une semblable demande si nous oserions y répondre.
Nous sçavons bien qu'il a fait plus
pour nous que pour un grand nombre de Communautés, & que nous
ne sçaurions faire pour lui davantage que les autres, qu'en l'aimant
plus que ne font les personnes qui
n'ont pas tant reçu que nous ; c'est
pourquoi il faudroit rentrer en
nous-mêmes, pour voir de quelle
maniere nous nous en acquittons.
Il faudroit écouter J. C. dans notre cœur qui nous demande si nous
l'aimons ; & pour lui répondre il
ne suffit pas de consulter la seule
lumiere qui nous dit qu'ayant plus
reçu, nous devons l'aimer davan-

Jean c. 21.

tage ; il faudroit examiner fince-
rement fa difpofition, & voir s'il eft
vrai que nous ne mettons point de
bornes à ce que nous voulons faire
pour lui plaire & pour lui obéir.
C'eft vouloir bien l'aimer moins ,
de fouffrir que les autres marchent
plus vîte que nous , & ne pas defirer d'avancer dans la vertu autant que les autres. Demandons à
Dieu de reconnoître les avantages de notre vocation , de fortir
de toutes nos négligences , & de
reconnoître comme un effet de fa
miféricorde de ce qu'il nous offre
encore les mêmes graces , & nous
veut encore favorifer plus que les
autres , pourvu que nous voulions
bien l'aimer plus que les autres.

F I N.

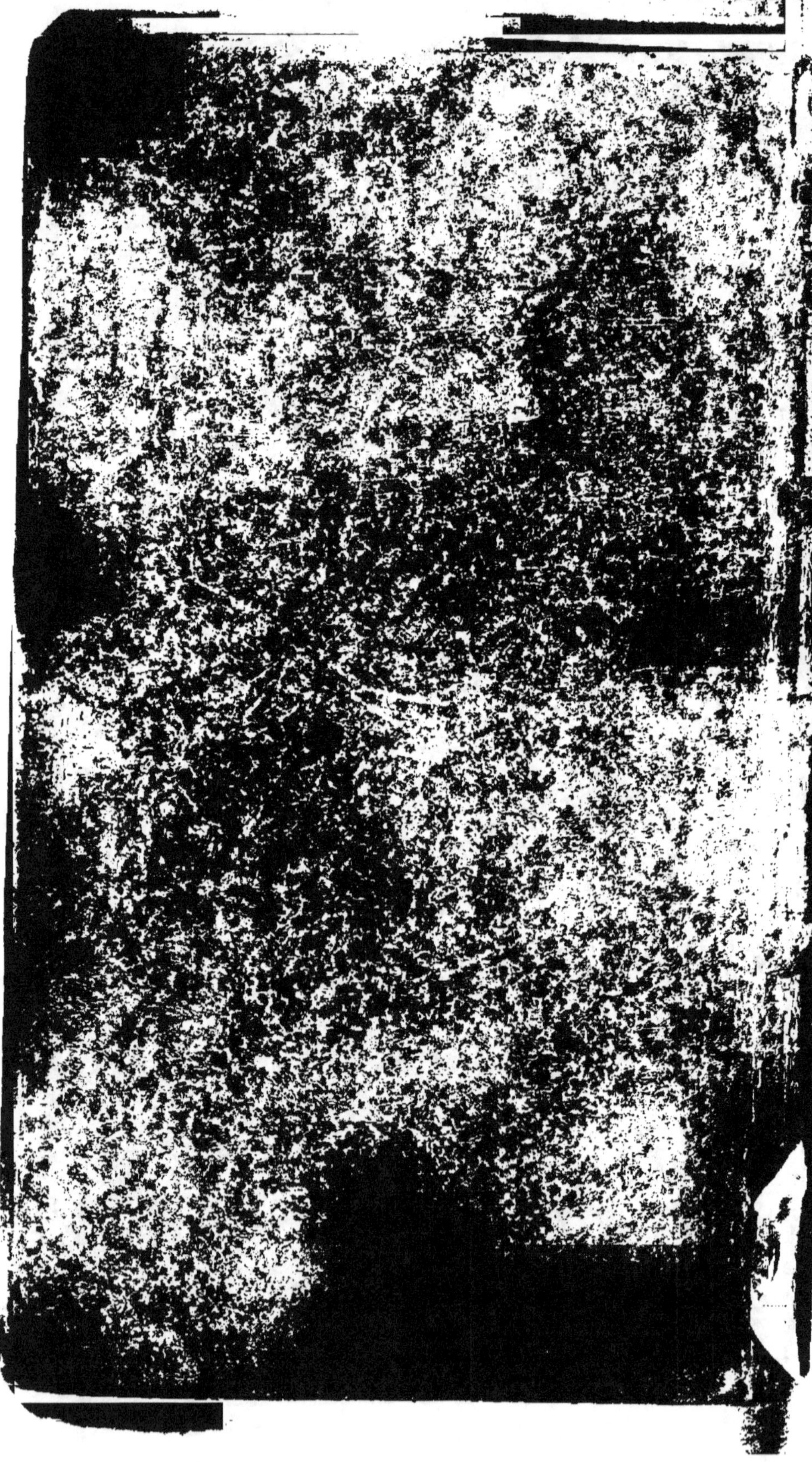